������� ����� - ������� ���� ����

�������

����� ���� ������

vandanadd2569@gmail.com

���� ��������| ����� 2025

������

�� �� ����� �� ��� ����� ��� ��� �� ����� ���� ��-

�� ��� �� ����.

������, �������, ����� �� ������� �� ���

����� ���� ������� �� ������� ����,

���� ���� ��� ��� ����,

�� ���� ������ �� ������ �����

���� ������ �� ���

�� ���� �������� �� ����

�� ������ ���� ���

�� ����� �� ���� ����� ���� ���

��������� ������

"�� �� ����� ������ ���� �� ������ ���� ��, �� �� ����� ���� ���� �� ���� �����-�� ������ ��� �� ����� ������ �� ��� �� ��� ���� ���"

— ����� ����

�������� �� �������

�������� �� ��������

1. ���� �� �� - �������� ������ ������� ����� ���, �� �� ������ ����� ������

2. ��� �� ������� - �������, ��� �� �� �� ����� ��� �����

3. ������ �� ��������� �� - ����� ������������ ������ ������ �� ��� ����� ����

4. ����������� �� ����� - �� ��� ������ ��� ������ �� ����� ����� �������� �� �������� ����

��� II – ���� �� �������

5. ���� ����� ����� ����� - ���� �� �������� �� ��� �� ��� �������

6. �� ������� ������ - ��, ������� �� ���-���������� �������

7. ��� �� ������� �� - ������, ������ �� ������ �� �������

8. ������� ����� ��� - �������, �-������� �� ����� ������� �� ��� ������ ���

��� III – �������� �� ��� ������

9. ��� �� �������� - ������ �� �������� �����, ��������� ����� �� �� �� ������ ����

10. ������ �� ���� ����������� - �������� �� �������� ������ �� �������

11. ����� �� ��� - ������, ������������ �� ���� �� ����� ��� ����

12. ������ ����� - �������, �������� �� ������������� �� �������

��� IV - ������� �� �������

13. �� ������ ����� ��� - ������� ��������� ������� �� ������ ���� ��� ����

14. ��, ������ �� ���� ���� - �������� �� ��� ��� �����

15. �������� �� ������� - �� ����� �� �� ������� ���� �� �� �� ����� ��

16. �������� �� ��������� - ������� �� �� ��� ��� ���� ���

��� V - �������� �� ����� ��� ���� ���

17. ������������� - ���� ������� ��������� ������ �� �� �� ��� �����

18. ��������� �� ���� - ������� �������, ���� ����������

����� ������

�������� ����� �� ���� - �������, ���� ���� �� ������ �� ��� �����

���� ���� �� ����� �� ��� ����� ���� ����� ���

������ �� ����� ����� ��—���� �� ��� ������ �� ��� �� ���� ������ ���� ������ ������ ���� �� � ����� ������� �� ������ ���� �� �

�������� ��������� ����

��� ����� ��� �� �������� �� ������ ������ �� ���� ��� ��� ���� �� � �� �� ��� �� ���� ���� �� �� �� ������� ���� �� ���� �� ��� ����� ������ ��� �� ���� ����

���� ��� ���, ������ �� ������ �� ������ ���� �� � ���� �� ������ ����, ����� �� ����� �� ��������� ��� �� ���� ���� �� ��� �� ������ ���� �� ���� ������

����� �� ���� �� ������� ��� ���� �� �� ����� ���� �� �������������� �� ����� �� ��� ������ ����� ���, �� ��� ��� �� ����� ����� ������� ���������� �� ������ ���������� ����� ���, �� �� �� ��� ���� ���� ��� �� ���� ����� �� ��� ��� ���� ���, "�� ����� �� ���"

�� ������ ���� ��� - �� ���� ��� - ���� �� ���

���� ���� ���� ������

�� ������ �� ����� ��� ��� ���� ����� ����� ������ ���, ��� ����� ��� ��� ���� ���, �� ��� ���� ��

���, ��� �� ���� �� �������� ���� ����

���� ������ �� �������� ���� �� ������� ���� �� � ���� ���� ������ �� ������� ���

��� ���� �����

������ 1 — ���� �� ��

(������� ����� ���� ���� ��� �� �� ����� ���� �����)

�� ����� �� ��������� �� ��� ���� ���� �� — ���� ���� ��������� �� ������ ������ �� ��� ����, ����� ���� ��� �� �� ���� ����� �� ���� �� ������ �� ���� ��� �� ���� ����� �� �������� �� ���� ��, �� �� ����� �� �������� �� ���� ���� ����� ���� �� �� ���� �� ���� ���

�� ��������� �� ��� ��������� ����� ���� � ���� ���� �� ��� ����� ���� ���� ���� �� ����� �� �� �� ����� ���� ������ ���� ���

1. �� �������� ��� �� ���� �� ����� ���� ����

������ �� �� ������ ���� ���� ��� ��� ���� ������ ���������� ����� ����� ���� �������� ��� ��� ������� ���� ���� ��—“�� ������� ��,” �� ���� ���� �� ��� ���� ���� �� ����� �� �� ���� �� �-������ ���� �� �������� �� ����� ���� ������� �� ����� ��� ���� �����, ���� �� ������ �� ����

��� ������� �� ������ ����� ��� ���� ����� �� �� ������ ���� �� �������������� ����� �� �����

���� ����� ������ ���� �� � �� ��� ���� �� ����� ���� ���

������, ����� �� ������ ���, ������ ������� ��� ��� ������� ���� ��—����� �� �������� �� ��� ��� �� ���� ��� ���� ������� "������� �������������" ���� �� ��� �� ��� ��, �� �� ������� ������� ����� ��, �� �� ��� ��� ���� ���

2. ������ ����

���� ���� �� �� �������� ����, ������� �� ��� ���� �� "������� ����� � ����" �� ���� �� ���� ��� �� ����� ����� ����� �� ��� ���� ���, ����� �� �� ��� �� ���� �� �� ���� ����

����� �� �� �� ����� ��� ��� ����� �� ��� ����� ���� ��, �� �� �� ����� �� ������ ������ ���� �� -����-���� ��, �������� ��, ���� ��� ������ ��� ������� ���� ��� ����� �� �� �� �� �� �� ��������� ���

������� ���� ���� ������ �� ����� �� ����� ���� ���� �� � �� ���� ����� �� ���� ������� ���� �� �� ����� ���

��� ���� �� ���� ����� �� ��� ���� �� ������ ���� ���, �� �� ������ ���� ��� �� ����

���—�������� �� ���� �� ��� ��� �������� �� ���� ������ ���

3. �� ������� �� �� ���� ����

��������������� �� �������� �� ��� �� ���� ���� ��� �� ��� ������ ���� ��, "��� ��� ���� ����� ����� ���," �� ��� ��� ��������� ���� ���� �� ��� ����� ��� ���� ��, �� ���� ���� �� ���� ���

����� ������� ���� ����� �� ���������� ���� ��� ������ ���� ����

"�� �� �� �� ���� �� ����� ���"

"��� �� ��� ��� �� ��� �� ��� ����"

"��� �� ��� ���� ����� �� ��� ��� ��������"

�� ������ ������� ������� �� �������� �� ���� �� ���� �� ���� ���

�� �� �� ��: ��������������� ������� ���� ��� �� ������ ��� �� �� �� ��� ��� ������ �� ������������ �� ���� ���� �� ���� ������ �� ������ �� ���� ��� �� ���� ����� �� ���� �� ���� ���� �� ������ ������ ���� ����

4. ��� ��� �� ����

��� ��� ��� ���� �� � ���� ��� �� �

���������� ��� ���������� ������� �� �������� ����� �� ������ ���� ��� ����� ���� �� ������� ������ ��� �� ��� � ��� ��� ��������� �� ������� �� ���� ��� ��� �� ������� ��� �� ���

�� ����, ���� ��� ��� �������� �� ��� �� �� ����� �� ���� ���

��� ���� "���" ��� �� ������ ���� ���� - �� ����� ���� �� ����, �� ��� ���� �� ����, �� ����������� ��� ��� - �� �� ��� �� ������ �� ��� �����

��� ��� ��� ������� �� ���� ���, ����� �� �������� �� �� ��� ���� ���� �� �� ��� ���� ��� ����� ���� ���� ���

��� ��� ������ �� ��������� ����� ���

5. ���� �� �������� �� ����� ���� ������

�� ��� �� �� ���� �� �����, �� ��� ����� ����� - �� ����� ����� ��� �� �����

�� ������� �� ���� �� ���������� ���

�� ������ �� ��� �������� �� ��� ���

�� ������������ �� ���� ���� ���� �� ������ �������

�� �� ����� �� ����� ������ - ����� ���� �� �� ��� ���, ����� ����� �� ���� �� ���� �� ���� ������ �� ���� ������������� �� ���� ����� �����

��� ����: �� ��� �� �� �� ��� ��� �������, �� ��� ������� ���� �����

���� � ���� ������� �� ���� ���� ���� ����

6. ��� �� �������, ������ ����

������� ��������� �� ���� ���; �� ��������� �� ��� ���

���� ������� ������ ������� ����:

���� ��-��� �� ������ �� ��� ���� �� ������� �� ���� ��� ������ ��� �� ������� �� ���� ���?

���� ��� ���� �� ��� �� ���� �� ���� ��� �� ��� ��� ���?

��� �� ��� �� ������ ���, ���� ������� ��� ������, ��� �� �� ������ �� �� ������ � ��?

�� ��� �� �� ������ ���� ���� ���, �� ������ ������ ��� ���� ����

���� �� �� ������ ������� �� ������� ���� �� � ���� �������� �� ���� ��������� �� ������� ���� ��� � ���� �� �� ��� ��� �� ������� ��� �� �������� �������, �� �����������, �� ��������

�� ��� �� ������� �� ������� ���� �� - �� ��� ��� �� �������

7. ����� ��� �� ���

�� ������� ���� ���������������� �� ���� ���� ��� ������� ������ ��� �� ������� ���� ��� - �� �� ��������� ��� � ������, ���� ���� �� ���� ������, ��� "���� ����" ����� �� ������ ����

�� ��������� ���� ���� ��, ����� �� �� ��� �� �� ������� �� �� �� ���� �������� ���� �� ��� ��� ��� ��� � ����� ����� �������� �� ��� ��� ���

��� ���� ��� �������� ���� �� ���� ��� ����������� ����� ��, �� ��� ����: �� ��� �� �� ����� ��� ����� ��, �� �� ������ �� ��� �� ���������� ���� ���� ��—���� ������ �� ���, ���� ���������� �� ���, ���� ������� �� ���� �� ��� ���� ��� ��� ���� �� ������ �� �� ���� ���� ��� ����

8. ����� ��������

��� ��� ������ ����� ������� �� ���� ���� ���� ��� �� �� ������ ���� ������, ��� �� ��� ���� ������ � ���� ���� ���� �� ���� ���

���, �� �� �� ���, �� ���� �� ����� ����� ����� �� �� ������ ���� ������� �� ����� ���� ��� ����, ��� �������

�� ����, �� ���� ����

9. ����� ��������

����� �� ���� �� �� ���� �� ��� ����� ������ �� ������ �� ��� ���� ���� ����� �� �� ₹1,200 ��� ��, �� ���� ������ �� ��� ��� ������� �� ���������� ���� ���� �� �� �� ��� ���� ��� ��� ���� ���, �� �� �� ��� ������� ��� ��� ���� ���, "����

����� �� ���� , ������ �� ������ ���"

������ �� ���� �� �� ���� ��� �� �� ���� �� ����� �� ����� ����� ��� ��� ���� ������ ��� ��������� ������ �� ���� ���������� ������� ���� ���� ����, ��� �� �������� �����-����� ���� �� �� ��� ������� �� ������� ���� ���� �� ����� ��� ���� ���, "���� ���� '�������' ���� �� �� ���� �� � �� ������ ����� ���� �� ���� �� ���� ���"

�� �������� ������� ���� ��� � ��� ��� ������ ���������� ����� ��� �� ������ ��� �� ���� �� �� �� ������� ���� �� ������ ���� �� —�� ��� ������ ���� ��� �

�� ������ ��� ���

�� ����� � �� ������ ���� �� ����� �� ���� ����

—-

��� �� ���� �� ���

���� ������,"�������� � �����", �� ������ �� ��� ����� �� ��������� �� ���������� �� ���� ������ ���—�����, ���, ������ �� ������ �� ����� ���� ����� ��� ����� �� ����, �� ��� ����:

��� �� ���� ���� ����� �� ������ ���� ����� �� ��� �� ������

������ 2 — ��� �� ������

(������, ��� �� �� �� ���� ��� ����)

��� ��� �� ������ �� ������ ��� �� �� ��� ���� ���� ������ ���, ��� ��� �� ���� ���� �� ���� ���

"�������� �������� �� ��� ���� ���"

"���� ������� �������� �����"

"�� �� ������� ��� ������?"

"������ �� ���� ���� �� ���������� ����"

����� �� ��� �� ���� ��� �� ���� ���� ����� �� ��� ��—�������, ��� ���� ���� ��� �� ���� ���� ��� ���������� �� ��� ���� ���

��� �� �������� ���� ����� ���, �� ���� �� ����� ���� �� ���� �� ����� ���� ���� �����

1. ����� ����� �� ����

���������� �� ������ ����� ��� �� ����� �� ������� ����� �� ���� ���� ��� ��� ���� �� � ����� �� ���� �� ������ �� ���� ���� �� ���� ������� ��� ���� ���� �������� ���� ���

���� ��� �� ����� �� �� ��� ����� ��� ��, "���� ��� ��� ����� ������� ���� ���"

����� ���� ���� �� ����� ���� ��� ��� ���� ���� ��� ��� �� ������� ���� ���

���� ���, "����� ��������� �� ������� �� ��� ����"

�� ����� ���, �� ���� ������� ������� �� ��� ���������-������� ������� ���� ��� ��� ����

���� ����� ��� ���� �� � ���� ����������� �� ��� ��� ��� �� ��� ���� ���� ���

����: ����� ��� ����������� ���� ��� �� ������ �����, ��� ���� �� � ���� �� "������" ����� �� ����� ���

2. ����� �� ����

���� ��� ���� ��� �� �������� ���� �� �

�� ��� ������� �� ������� ����� �� ��� �� 10,000 ����� �� �� �� �� ������ �� ���

����� �� ���� ��� ���� � �� ����� ����, �� �������� ���� ������ �� ��� �� ����� �� �����

���� "�� ���� �������" ���� ���� �������

���� ���� �� �� ���� �� �� ����� �� ���� ������ ���� �� ���� , ���� ����� �� ���� ��� ���� �� ���� ��:

���� ����� �� ���� ��� ���� ���
���� ��� ���� �� ����� �����

�� ��� �� ���, ����� �� ������ �� ����-������ �� ���� ���

������� ������� ���� �� ���� ����� �������� �� ���� ���� ����

3. ������ �� ����

�� ������� ���� ������ �� ���� �������� �� ������ ���� ���, ����� ��� �� ��� ���� ������

������ �� ���� ��� ������� ��� �� ���� ��-����� ���� �� �� ��� ���, ����� ����� �� �� ����� � �� ����

����, �� ����� ������� ��� ������ ���, ���� ����� �� ����� ���� ������������ �� ������ ���, �� ���� ����� ������ �� �� �� "��������� �� ��� ����" ��, �� ������ "����� ������" ���� ��� ���� ����

�� ���� �� ���� ���� ���� ���� �� ������� ���� �� ���� � ���� ����� �� ������ ����, ����� ��� ������� ����� �� ��� � ���� �

��: ��� �� ���� ��� ��� ��� �� ����� ����� ��� ���� ���� ��� �� ����� �� ������� ���

4. ����� �� ����

"���� ��� ���������� ��������� ���� ��" �� �� ��������� ����� ���

����� ��� �� ���� �� �� ���� ����� ���� ���� ��� ����

����� �� ����� ���� �� ����� �� ����� ��� ������ �� ������ �� �� ���

��� �� ����������� ��������� �� ���� ���, �� �� ������� ��� ��������, ��������, ������ ����������� ��� ���� ���� ������ ������������� �� ��� ���� ��, �� ������ �� �� ����� ���

����: ��������� �� ��� ����� �� ����� ��������� ���� ���

5. ��� �� ����

�������� ����� ���� ���, "�� ����� ���� �� �������," �� "�� ��� ��������� ��� �� ������," �� "���� ���� ����"

�� ����� ����������� ��� ���� ���, ����� �� ����� �� ��� ��� ���� ��� ���� ����

������� ���� �� ���� ����� ��� �� �� �� �� ���� ����� �� ��� ��� �� ���� ������� ��� �� ����� ��� �

��� ���� �������� �� ���� ��� - �� ����-���� ����� ��������� �� ��� �� �� �� ����� ����

6. �� ��� ����� ���� �� ����

������� �� ���� ���-��� ���� ���� �� � �� ��� ��������� ����� �� �������� ���� ���, ���� �� �������� ����� ��� �����—��� �� ���� ������ ���� �� ��������� ����� �� ��� ���

���� ����� �� ������ ����: ���� ��� ��� ��� �� ����� �� ��� ��� ��

�� ��� ��, ��� �������� �������� ���, ��� ������ ����� ���� ������ ������� ���� ����� ����� ���� �� ����� �� ���� ��� ���� ���

����: ��� ������ ������ ��, ������ �����

7. ������ ���

���-��� ���� ���� ����� ���� �� ����� ��� ���� ���

"��� ���� �� ��� �� ���� ���?"

“��� ��� ����� ���� �� ���� ����?”

“��� ��� ����� ���� ��� �� ���� ����?”

��� ����� ���� �� ������ ��� �������� ��� ��� �� ����� ����� ���� ������

�� ��� ��, �� ��� ��������

�� �������� �� ����� ���, "����� �� ���� �� �� ���� �� ��� �� ������, ���� �� ��� �� �����"

���� �� ���� �� - ����� ����� �����

8. ��������� �� ���

1. �� ��� ������ �� ���� ����� �� ���� ���� ���� ��� ���� ���� ����, ����� �� ������ ���� �� ���� ���

2. ���� ��� ����� �� ��� ���� ����� ��� ���� ���� ��, ���� �� ����� �� ���� ����� � ��� ���� ����� �� ���� ������ ���� ���

3. ���� ���� ����� �� ��������� ��� �� ������� ���� �� ��� ���� 14

����� �� ���� �� ���� ��������� �����

� ���� � ����-����� ��� ����� �����

9. �� ������ ��� ���

��� ���� ���� ���� � �� ���� �� ��� ����� ���� ���

����� �� �������

������ �� ����� �� ��� ��������-������ �������� �� �� ������ ��, ����� ��� ������ ���� ��� �������� �� �� �� ������� ��� ��� ����� �� ���������� ����, ������ ������� ����� �� ������� �� ���� �� 500 ������� �� ���� ����� ������� �����

�� �� ��� ������� �� ����� ������ ����� �� �� �� ��� ���� ���� �� �� ��� ��� ��� �� ��, "���� �� ��� ��� ���� ���� �� �����," �� �� ��� ����� ���

���� ��� �� ���� ���� ���� - �� ���� ��� ���� ���

—-

��� �� ���� �� ���

���� ���� �� �� �� ������ �� ���� ��� ���� ���� ����� ����

���� ��� �� ������� �� ������� ����� ���� ��� ����� - �� ��� ����� �� ���� ���� �� ���� ���� �� ������ ����� �� ��� ������� ���

���� �� ������ 3: ����� �� ��� �� �� ������ ��� �� - ���� ���������� ������� �� ���� ����� �� ����� ����� �� ��� ������� �����

������ 3 — ����� �� ��������� ��

(���� ���������� ����� ����� �� ��� ���� ����)

�� ���� ����� �� ���� �� ������� �� ���� ���� ��: ���� ���� �� �� �� ��� �� ���� ���

������ "��� �� ���� ���" �� ����� ���� �� � ���� �� �� ����� ���� �� ����� ���, ����� �� ������

�� ����� �� ����� �� �� ����� ���

1. ����� ���� ���� ���

����� ��������� ��� ���� ����; �� ����� ���������� ��� ���� ���� ����

�� ���� �� ����� ��� �� ��� ���

�� ������ �� ��� ��� ���� ������

����� �� �� ����� �� �� ������ ����� ��, ���� ��� �� �����

����� �� ��� �� ���� �� ���� ������ ������ ������ �� ��� �������� �������� �������� ��� ��� ��� ���� ���� ���� ��� ���������� �� ����� �������� ���� ���� �� ��������� ��� ���� ������ ��� �������� ���� ����� �� ����-���� ��� �� ���� �� �����

������� ��� ��� ���—�� �� ������ ������� �� ��� ���

���� ����� ���� ��� ���� ������ ���� ���� �����

����: ��������� ����� ����� ���� ������ ����� �� ������ ����� ���� ����

2. ��� �����: ���� �� �� ����� �� ��� �� ���� ���?

���� �� �� ��� ������ �����:

1. ���� ��� �� �� �� ���� �� ��� ���� �� ��� �������� ������ ���, ��� �� ���� �� ����� �� �� � ���?

2. ���� �� ���� ����� ���� ���� ������� �� �������� ������ �� ������ ���� ��?

3. ���� ��� ���� ��� ���� �� ����� ����� �� ���� ������� ���� �� ���� ���?

��� �� �� �� �� �� ������ �� ���� "���" ��� ���� �� ���� , �� ���� ���� ����� ����� ��� ���� ��, ����� ���� ������������ �� ��� ���

��� ����, �� ��� ������� ���� ����� ��� ��� �� �� ��� �� ��� ���� ����

3. 3C ����: ��������, ������, ������

��������: �� ������ ��� ���� ����� �� ��� ���? (��� �� ������ ��� �������)

[illegible]

[illegible]

[illegible]

4. [illegible]

[illegible]

[illegible]

[illegible]

5. [illegible]

[illegible]

��� �� �� ₹100 ����� ������� �� - ������ ������� �����

��� ��� ��� ������ ���� ������ �� ������ ��� ��� �� ���� ������ �

�� ���� �� ������ ���� �� ����� ������� �� ���� ���� ������ ���

6. ������� �� ����� ��� �����

����� �� ���� �� ���������� - ���, �����, ��������

���� ����� �� �� ��� ����� �� ��� ��� �����:

"��� __ (���� ���� ��) �� __ (����) ������� ���� ��� �������"

������:

"��� ������� ������ �� ������, ���� �� ��� ��� ������� ������ ����� ��� ����� ��� ��� �������"

���� 30 ����� ��� ���� ������ �� ���� ���� ��� ������� ����������� �� ���� ����� :

�� ������ �������������� �� ��� �����

�� ���������� �� ���� �� ������� �����

���� ����� �� ������ ����� �� ��� ����� �� ������ ��� ��� �� ������ �����

�� ��� �� �� ��� �� ���� ���, �� ���� ����� ������� ��� �� �������� �� ���� ���

7. ���� ���� �� ��

�� ������� �� �� �� ����� �� ��������� ��� �� �� ���� ��� ��� ��� �� �� �� �� ���� ��� �� ����� � �� ���� �� "��� �� ����� ��� ��� ���" �� ���� ��� ���� ���� �������, ������ �� ���� �������� ������� �� ��� ���� ���

�� �� ���� ��� �� ���� ��� ��� ���� ���, �� ��� ���� ��� �� ���� ���� �� ��� ��� �� ��� ��� �� ������ — �� �����, �� ���� ���� ������ �� �������

8. ����� ��� �� ��������

���� ���� �� �� ����� ��� �� ���� ����� ����, ������ ����:

����� �� �� �� �� ������ ���� ���� ������������ �� ��� ������ �� ���� �� �������� ���� ���

��� ���� ��� ���� �� ����� ���� ����� ����

����� ���� �������� �� ������ ����� ��� ��� ���� ���

����� �� �� �� ��� ����� �� ����� �� �� ��� ���� �� ��� ����

����� �� ����� �����, �� �� ������������ �� ����� ���� �� ��� ��� �� ������

����� �� �������

���� �� ����� �� ������ �� ���� ���� ��� ���� ���� ����� ���� ���� �� ����� ���� ��� ����� ����� �� ��� ��� ₹2,400 ���� �� ������� ��

����� ��� ������ �� ����� �� ��� ���� ���� ��� �� ���, "���� ���� �� ��� ���"

���� ���� ��������� �� ����� ���� ���� �� � ���� �� �� ��� �� ����� ���� ��� ��� ���� ������ ���

�� ������� ��� ���

�� ������ ��� ���� ����� ���� �� ���� ��� �� ������

—-

��� �� ���� �� ���

�� �� ���� ����� �� ���� �� ��������� ������ ��� ���� ������

���� ��� ���� ������ ��� �� - ���� ���� ��� ��� �������� ������ ��� ������

��� ���� �� ����� �� �����: �������� ������ �� �������, ��� �� ����� �� ���� �� ���� ����� �� ������� �����

������ 4 — ���������� �� ����

(�� ��� ����� ��� ����� �� ���� ���� ������� �� ������� ����)

�� ��� ����� ���� ����� ��� ���� ��� ���� ���

�� ����� ��� �� ��������� ���� ��� �� ��� �� ���������� �� ����� ���� ��� - ������ ��������� ���, ������������� ���� �� ���� ���, �� ��� ���� ����� ���� ��� ������ �� ���� �� �����

��� �� ��� ���� �� �� ������� �� �� ��� ���� �� �� ��� ���� ���

���������� �� ���� �� �� �� �� ���� ���� ���� ����� ����

1. ����� ���� �� ���� ��� �������

���� ���� �� �� ���� ����� ��� ����� �� �� ���� �����, ��� ��� ���� ��������� �� �������:

�. ����� �����:

���� ��� ������ ������?

���� ����� ����� ���� ������ ₹50 �� ����� ���� ����

������ ���� ���� ������ ���� �� ���� ���� �� �� ����� ���� ���� ��� ���� �� �����

�. ������� ��������:

����� �� ����� ��� �� ������ �� ����� ���?

�� �������� ����� ���������� ������ �� �� �� ����� �� ����� ��������

�. ����� ��������:

����� ����� ������� ����� ���?

����� ��� ����� ����������� �� ������ ����� �� - ������ �����, ��� �� ��������� �� ������ ���

2. �� ����� ����� �� ������� �����

������ ������� �� ����� �� ������������ �� �������� ����� �� �����, ����� ������� - ����� �������� ����������� ������� �������

�� �� ������ �� ��� ��� ����� ����� �����, ��� ��������� �� ��� �� ��� ����� ���

����� �� �� ��� �������� �� �� ������� ����� ����� ������ ����� ����� ����� ������������� ��� ������ �� ��� ����� ����� �������� ����� �������� ��� ������� ��� �� ������ ������ �� �� � �� ��� �� �� ������� ��� ����� �����, �� ��������� ������ ������ �� ���

�����: ����������� �� ������ ��� ������� ������ �� ������ ������ ���

3. ����� ����� �� �� ����� �� ������

��� ������ �� �� ��� ������ �� �� :

����� �� ������� ������ ����� ������ �� �������

�������� ������� �� ������� ���� ��� ��� �� �������, �����,
�� �������� �� ��� �� � �����

���������� ������� ������ ���
�� ������� �� ��� ���������,
������,
������ ��� , ����� ��� �������
������� ��
������ ����� ���
����� ���

�� ������: �� ������� �� ����� ���� �� ��� ����� ������ �������� ������ ������? ��� ����� ������-��� ����� ���

��� �� ����� ����� ��� �� ������� ����� - �� ������� ����� ������ �� �� ����� ����� ����� ����� �� �� �� ����� ����� ���

4. ��� ��������

����� ������ �� ����� ��� ������� ��� ����� ��� ��� ���

����� �� ����� ��������� �� ��������� �� �� �� �� ����� ������ ��������� ����� �� ����� �� ����� ����?

��� ����, �� ����� ����� ��� ������ ������ ������� ��� �� ����� �� ����� ��� �������� �� ��� ����� �� - � �� ����� �� �� ������ �����

�������� ������ ������ �� �������� ���������������� ��� ����� ���: ������, ������, �������, �� �� ����

��� �� ���� �� ������ �� ������ ������� ��, �� �� ��� �� ���� ������ ���� �� ������� ���� ��; �� �� ������ ��� ��� ������ ������ ����, ������ ��� �����

5. "���� ��� ��� ���������?" ������

���� ������ �� ��� ����� ���� ���� ��� ����� �� � �� � ���� �� ��� �� ���� ��, �� ������ ��, �� �������� ��� ��������?

��� ����, �� ������ �� ������� ���� �� ���� ��� ��� �� ����

���� �� ���� �� �� ��� ���� ����� �� ��� 500 ����� ��������� ����� ��� ��� ��� �������� ������� ����, "��� ��� ��� �� ������� ���� �����" ���: ����� ���� ���� ������ ��� ����

6. ������ �� ��� ����, ������ ���� �� �� ����

���� ������ ���� ��� ��� ���� ���� �� �������� �� ������ ���� �����:

[������ �������] �� ��� ���� ���� ���� ������ ���� �� ?

������� ��� �� ���� ������ ���� ���� ���?

���� �� ���� ����� ���� �� ��� ������ ������?

�� �� ����� ���������� �� ������ �� ��� ����� ������� ����

���, ���� �� ���� ����� �� ���� ���
�

7. ���������� ����

�� ����� ��� � ��� ������ ��—�����, ��������, ��������� ���������� ���� �� ��������� ��� �� �� ���� �� ��� ����� ���?

��� �� �����:

���� ��� ���� �� ���� ��� �� ����� ���� ������� �� ���� ��� �� ��� ��� ��� ���?

���� ��� ���� ���� �� ��������� ��� �� ��� ���� ���?

���� ��� ��� ���� �� ��� ���� ���� ���?

��� ���, �� �� ���� �� �� ������� ���������� �� ���� ����� ����

8. ������ �� �����

����� �� ���� �� ���� ������� ������ ����� �� ��� �� ����� ����� ������ ����� ��� ���� ���� �� ��� ����: "���� ����� ���"

����� �� ���� ����� ���� ���� ��� �� ������ �� �� ��������� �� ��� ���� ����� ��� �� ����� ���, ��� ���� ����, ���� �� ���� �� ���� ��� ���� ��� ���� ���� ������� ������� ������

���� ����� ���� ���� - ���� ���� �� ��� ������

9. ���������� �� ���

1. ���� ��� ������ ���� ����� - ��������� ������

2. ���� ������ �� ���� ���� ������� (������) �� �����

3. ���� �������� �� ����� �� ������ �� ���� �����

4. ����� ��� �� ��� �� ����� ���� ��� ���� ��� - ���, �����, ���� - �� ����� �� ���� �� �� ��� ���� �� ����� ������

�� ���� ���� �������� ���������� �� ���� ���

�� ������ ��� ���

��� �� ��� ���� ���� �� ������� ���� �� ����, �� �� ��� ���� �� ���� �� ���� �

����� �� �������

������� �� ��� �� ���� ���� ��� �� ���� �� ������ ����� ���� ������ �� ������� ��� ���� ���� ����� �� ��� ���� ������ ���� ����—������ �� ��, ����� ��� ��� ������ ������� ���� ���� ����� ��� ���, "��� ����� ���� ���� ���� ���� ������ ��� ���"

���������� �� ���� ��� ��� �� ���� ��-���� �� ���� ������ �

—-

��� �� ���� �� ���

���� ���� �������� �� ���� �� - ���� ����� �� ���� �� �� ������� �����

���� ���, �� ����� ���� ����� ���� ���: ���� �����, ���� ������, ���� �����, ���� ���� �������

���� �� ������ 5 - ���� ����� ����� ����� ���� ���� ��-�������� �� ������ ��� ������

������ 5 – ���� ����� ����� �����

(���� �� �������� �� ��� �� ��� �������)

��� ����� ���� ����� �� ���� ���� ����

�� ���� ����������, ����� �� ����� �� ���� ���� ���� ���� ���� ���

����� ����� ��� ���� ���� �� � �� �� ����� ��� �� ���� ������ ��� ���� ���� �� ����� ���

���� ���� ���������� ����� �� ����� �� ������ ���� �����, ������ �� �����

�� �������� �� �������� ���� ���� - �� ���� ������ ���� ���� ���

1. ����� ����� ���������� �� (���� ��������� �� ��� ��)

�� ����� ���� ����� �� �� ��� ��� �� ��� '����' ���� ���

���� ����, �� �� �����, �� �����, �� ������� �� ���� �������

�� �� ���, �� ��� �������: �� ���� ��� ���

���� ������ �� ���������� ���� �� ������ ���� �� � ���� �� �� ����� �� ������ �� �� �� ���� ��� �� ����

12 ������� ��� �� ���� �������� ����� ����

2. ��-����� �������� �����

�� ��� ����� �� ������� ���� - ���� �����, ���� �������

��� ������ ������

1. ��� ��� �� ������� ����� ��� ���? ��� ������� ���� ����� ���

��� ��� ������� �� �������� �� ��� ���? ��������, ���� ����

2. ��� ����� ��� �� ��� ���? �������� �������� ��

3. ��� ���� ������ �� ��� ���? ���� ������� �� �����

�����, ���-����������

������� ���������� ������� ���� ���� ���

4. ��� ���� ��������? ���� ������� �����

�������-������� �����

+ ������� �������

5. ����� ����� ���� ����? ���� ����� ������

�������, ���������,

�����, �����.

��� �� ���� ������� ����� �� ���� ���, �� ���� ��� ���� �� �� �� �������� ���� ���

3. ��� ����� ������ ����

"��� ���� �� ����� ���� ����� ���" �� ����� �� ����, "��� ��� ����� �� 100 ������ ���� ���� ������ ����� ����"

������� ������ ���� ����� �� �������� ���� ��� �� ���� ��� �� �������� ����� ����

��� ������ �� ������ ��������� ����:

���� ����� ������: ���� ����� �� ������ ���� �� ���� ��� ��� �����

����� ������: ������ ���� �� ����� �� ������� �����

������ ������: ������ ����, ������� �� ���������, ������� ��� ��� - ���� ���������

4. ���� ���������� ���� �� ������� ����

���� �� �������� ���� ���� �� ���� ������� �� ����-����� �� ���� ���� �� ���� ����� �� �� ���� ����

��� �� ������ �� ��� ����� ���� ���� ����� ���, �� ��� ���� ����� �� ������ ������ ����

��� ���� ����� �� ��� ���� ���� ��, �� ��� ����� ����� �� ������ �� ������ ���

������: ��� �� ������ ������ �� ��� ���� ���� �� �� ������ �� ��� ���� �� ����� ���� �� �

5. ���� ����� �� ��� ���������� �� �����

��������� ��������, ���� �� ����� �� ����� ������ � ��, ��� ����� ������� �� ����� ����� ��:

1. �������: �� ����� ������ ��� �� �� ������ ������ ���

2. ���: �� ����� ��� ������ �� ������� ����� ��� ��� ����� ����

3. �����������: �� ������� �� ����� ������� ��� �� �������� ���

��� ������ �� �� �� ��� ���, �� �������� ������ ����� ��� ������ �� �������� �� ������ ����� �����

6. ���������� �����

�� ����� ����� ��� �� �� �� 12 ����� �� �� ��� ����� �������

�� ��� �������� �� �������� ����:

������� 1: ����� ��������� �� �������� ������

������� 2: ���-��� ��� ����� ������� �������

������� 3: ����� �� ���������

������� 4: ������������ �� ���������

��� ���� ����� �� �������� ��� �� ������� ������� �� ������� ������� �� ����� ��, ������ �� ����� �� ������ ���

7. ����� ���� �� �� ����������

����� ������ ��������� ����� �� ������� ���� �� � ����� �� ��� ������� ������ �� ������� ��:

����� ������ - �� ����� ������ ��� �� ����� ���

������ ����� - �� �� ����� ���� ����

��� ������� - ��� ������ �� ��� �� ���� �� �

��� ���� ���� ����� ₹100 �� �� �� ₹150 �� ����� ���, �� ���� ��� ������� ₹50 �� 33% �����

��� �� 20% �� �� ��, �� ���� ���� �� ���� �� ���� ����� �����

��� ���� ���� �� ; �� ������� ���

8. ����� ����� � �����

�� �������� �� �������� �� ����� ��� ���� ��� �������� �� ������ ����

���� ������� ����� ���� �����, ����������, �� ������������ �� ��� ���� ����� �����:

���� ����� ��� ���� ��?

���� ���� ���?

���� ������� ��?

�� �� ������� �� �� ���� ��� ���� �

9. �������� �����: ��� ����� �����

�������� �� 27 ������ ������, ���������� ������� �� �� ������ ��� ����� ���� ������ ������� ���� ��—��� ����� �� �� ��� ����� ��, ��� ����� �� ��� �� �����

���� �� ������� ����� ��-������ �� ����� ����� ��� ������� �� ������ �� ���� ���� ������ ������

�� ��, ������� ������ �������� ��� ��� �� �� ����� ������ ���

"������ �������� ������ ��� �� ����," ���� ���� "���� ��� ���� ������ �� ����"

10. ��������� �� ���

1. ��� ��� �� ���� ��������� �� ����� ���� ���� ��-������ �� ����������� ������ ������

2. ���� ��� ������ �� ������ ���������� ����: ���������, �����, �������

3. ���� 12 ����� �� ���-���� �� ������ ������ ������

4. �� ������ ���� �������� ���� -����� ����, ���� ������� ������� � ����

�� ������� ��� ���

������ ��� ����������� ���� �� � �� ������ ���� �� ���� ���

������ �� ��������

��������� �� ���� ��������� ������ ����� ���� ���� ���� ����� �� �������� �� ���� �� ��� ��—��������, �������� �� ���, �� ������ �������� ��������� ������ ��� ���, "�� ������� �� ��� ��, ������ ���� ���� ���� ��� �� ��������� ���� ������ �������"

��� �� � �� ������ ���� �� ������ ������ ���� ���

—-

��� �� ���� �� ���

�� ���� ��� �� ����� ��� �� ���� ��� �� ���� �� - �� ������ ����� ��������� ��� ���� ����

������ 6 - �� ������ ����� ��� ��� �� ����� ��� ������� ���� ��� �� ������� �� ��������� �� ���� ���: ��, ���, ��������� ������� �� ������� �����������

������ 6 — �� ������ �����

(��, ������ �� ���-��������� ������)

���� �������� �� �������� ���

�� �� �� ���� ���� �� ����, �� �� ���� ���� ��� ���� ����� �

���������� �������� �� ����� �� ��� ��� ���� ���—������ ���� �� ���� ��� �������� �� ��� ���� ��, ����� ����� �� ������� �������� �� �� ���� ��� ������ �� ����� ��� ��� ����� ����, ������ ���� �� ���� �� �� ������� �� ���� ���

����� �� �� �� �� : ���� �� ������� �� ���� ��, ��� ���� ����� �� ��� ���� �� ��� ���� ��� ���� ���� ���� �����, ����� ���� �� ������ ����� ���� ��—��-�� ���� ����-���� ����

1. ����� �� �� ���� ���� ���

�� �� ���� ���� �� ���� �� ��� ��� �� ���� ��� ���� �� ���� ���

����:

���� ����� ��������� ����.

��� �� ��� �� �������� ����� �� ��������� ��� �� ����� �� ���� ����

���� ������ �� ����� ��� ���� �� ����� ��� ���� ����

�� ������ ���� ����� ������ ��-�� ���� ��� �� �� ���� ���� �� �� ���� �� ���� ����

������ �� ���� �� ��� �� ���� �� ����� ��� �����

2. ���������� �� ��� ������

1. ��������������� (���-����������)

���� ���, ��� �� ���� ���������� ������� �� ����� �����

������� ��� ���������� ��� �� ������� �� ��� ����������

��������� ���� ��� �� ���� ��� ��� ���� ���

����: ��� ���� ��������� ���� �� 60% ���� ���� �� ��� ������� ��� ���� ����� �����

2. ���� �� �� ������� (�� �� ��������)

��� ���� ��� ���� �� ����� �� ����� ������ �� ��� ���� �� ��� �� �� ���� ����� �����

������ ��, ������-�� ������ �� ��������� ���� ����� ������� ������� ���� ���������, ������� ������� �� ��� ���� �� ����

���� ���� �� �������� ������ ���: ������� �����, �������, �� ������������ �������� ���������� ���� �� ����� �����

3. ������ ��� ������ (�������� / ����� / ����������� ���)

��� ����� �������� �� ���� ��������� ���� ������� (₹50,000-₹5,00,000) ������ ���� ����।

�� ���� �� ��� ����������� �� ���� ���� ���, ����� ������ �� ������� ���� ����।

���� ���� ������ ������ (������) �� ����� �������� �������� �� ���� �����।

����: ��� ���������� ���� ���� ��� ���� �� - �� �� �� ���� �� ���� ���� ��� ��������� �� ���� ����।

3. ���� �� ��� �� ����� �� �����

���� ������� �� ������ �� ��� ������।

����� ��� �� ���� ������� ���

���� �� ����� ���� ��� ����

���� ������ ���� ���

��� �� �� �� ���� ���� ����� �� ���� ���� �� ��� ���� ���।

��� ������ ����� ������ ���� ��, ����� ��� �� ���� ��� ���� ��, �� ���� ��� ��� ������ ���।

�� ����� �� ��� ����� �� ���� ����:

1. ������ (₹ ���)
2. ��� ���� (₹ ���)
3. ��� �� ���� (₹ ���)

�� ���� �������� ��� ���� ��������� �� ������ ���� �� - ��� �� ������ �� ���� ����।

4. ����������� �� ���������� �� �� ��� ����

��� �� ���� �������� ���� ��, �� ��� ���� ������

��� �� ����� �� �� ���������� ���� �� ��� � �������

�� �� ��� �������� �� ������� ���� �� �� ��� ��� ������ �� ��������� �� �������� ������� ���� ���

5. ���������� �� ����

�� �� ����� ���� ���� ���, �� �������� ��� ���: ��� ���, ����� , ����������

��� ����� ���� ����������� �����

���� 12-18 ������ �� ���, �� ��� ������� �� ���� ����:

60% �������� ��� ����

20% ���������� ���

���������� ����� �� ��� 20%

�� ��� �� ���� ��� ��� ���� �� ���� ����

6. �� �� ���

���� ��� ���� ��� �� ��� ����� ������ ���:

1. ���� ���� ����� �� (����� ��� ���� ���)�

2. �� ���� �������� �� ����� ����

3. �� �� �� ������ ��� �� �� ���� ���, ��� �� �� �����

��� �� ����� �� ���� �� ��� �� ���� ��������� ���, �� ������ �����

��������� ���� ��� ����� �� ��� �� ���� ��� ��� ����� �� �������� ���� ��� ����� �� ����� �� ���� ���

7. ������� ������� ������

�������� ��� ��� ��� ������� �������, ������ ������ ������� �� ����� ������ ����� ����

���� ��� �����

�� ���� ��� ���� �����, ����� �� ���� �������� �� ���� ����� ���

��� ��, �� �������� ���� �� �����—�� �� ��� �������� �� ���� ���� ������ �� ����� �� ���� ��� ����� ���� ���� �� ��� �� ����� �� ����� ����

8. ���� �����: �� ���, �� �����

������ �� �� ���� �� ����� �� ������ ������ ���� ������ ��� ��� ����� �� ������� ����� ���� ������ ����� ������ �� ��� ₹2 ��� �� ������ ��� ���� ��� ���� ���� ���� ���� �� ����, �������� ��� ���� ������ ������ ��� �� ��� �������� ����� �� ��� ��� ����

��� ��� ���, �������� ����� ������ �� ����� �� ��� ���� ���� ������� ������� ���� ���� ��: "���� �� ������� ���� ������ ��� �� ����� ���"

9. ��������� �� ���

1. ���� ��� ���������� ���� (�������� + ����������) ������

2. ����� ��� �� �� ����� ����� �� ���� ���� ����

3. �� �� �� �� ������� �� ������ �� ����� �� ��� �����

4. �� ��� ����� - �� �� ��� (������� ���� �����), ����� ����� (�����)�

�� ��� �� �� ���� �� ���� ������ ��� ���� ���, �� �� ���� ���� �� ���� ���

�� ������ ��� ���

�� ����� ��� ������� ����, �� �� �������� ���� ���� ������

����� �� �������

������ �� ���� �� �� �� �� ��������� �� ������� ���� ����� �������� ₹7,000 �� ������ ��� �������� ���,"���� ��� ������ ���� ��� ���� ��� ������� �� �� �� ����������"

�� ��� ���, �� �� ���� �� �������� ����� �� �� ����� ������� �� �����-����� ���� ������ ��� ���� ����� ������? �� ������ ���� �� ����� ����� ���� ���� ���

—-

��� �� ���� �� ���

���� �� �� �� ���� ��� �� �� ����� �� ��� ���—����� �� ���� ��� ����,

�� �� ����� ���� �� ������ ���� �����

��� �� ���� ��� ��: ���� �����, ���� �������, ���� ������

������ 7 — ��� ��
������ ��

(�����, ����� �� �����
�� �������)

��� ����� �� ���� ���� �� - �� �� ���� ���

�� ������ ���� ���� ���� ��-�� �� �� �� ��� ���� ���� ��� ����� ��� ����� ���� ����

�� ��� �� ��� ���� ��� ���� ��, �� ��� �� ����� ��� ���� �����: �� ���� ���� ��� �� �� �� �� ����� ����� ���� ����

1. ������ �� ������ �� �� ���

������ �� �� �� �� ����� ����

������ �� �� ���� ��� ��� ���� ����

�����, ������ �� ���������� �� ��� �� ��� ���� ��� ����� ��� ������ ������ ����� ���� ���—��� ������ �����, ������� �� ����� �� ����� ���� ��—�� �� ������ �� ����� ���� ��� �� ���� ���� ���� ��������� ��� ���� ���

������: ������ ����� �� ��� ���� ���� ���� �� ������ ���� �� � ���� ������ ���� �����

2. ������ �� ����� ��

������ ��� �����, ��� �� �� ����� ���� ���� ���� �� ������� �� ��� ���� ���� �

��� ������ �� ��� ���������:

���� ����� ����� ���� ��� �������� ���� ���� ���

���� ������ �� ����� �� ���������.

���� �� ���� ������ �� ��������� (��������� �� ���� ����)�

���������� ��� �� �������� - ������ �� ��� ������ ������ ���

���� ��������� �� ��� ��������� ������ �� ���� �� ����� ��� �� ������ ���� ��� ����� ����� ��� ��� ���� ���� ����� "����� ������ �� �������� ����� �� ����� ���"

������:

���� �� �� ����������� ��� ������ ���� ����� ��������� ���� ���� ��� " ������ " ���� ��� ��� ��� ����� "���� ��� ����" �� ����� ����� �� ���� ��������� ������ �� ����� ���� �� ���� ����� ������ �� ���

3. ���� ������ �����

��� ���� ������ �� ���� ������ - �� ��� ��������� ������ ��� ��� �� ������ �������� ���� ���

�� ������ ����� ��� �������� �� ����� ���� ��:

1. ���� ������� ����� ��? (���� ���������)

2. �� ����� ���� ���� ���? (���� ���������)

3. ���� ���� ��� ����� ��? (���� ����)

������:

"�� ���� ���� �� �������� ������� �� ������ �� ��, �� ����� ��������-������ ����������� ����� ���� ����� �� ��� ���-����� ����������� ����� ��� �� ���� �� ��������������� ����� ����"

�� ���������� ���� ��� �� ����������� �� - �� ������ ��� ����� ���� ����

4. ���� �� ����� ����� (��� �������� ����)

���� ������� �� ������� ����� ���� ���� �� ������ ���� �� � ������ ����-����� �����

�����:

�� ��� �� ���� ������ �� ��� �� ������� ���� (������: ��� ��������� �� ���, ���� ������ �� ���, ��� ����� �� ����)

��� ��� �� ��� �� ��� ������.

�� ���� �� ���� ���� ��� �� ����� ���� ���

���� ������� �����, ���� �� ����� ���� �� ����� �����, ������ �� ������� ��� �� ���� ���

�����: Canva, Adobe Express �� ������� ���� ������ ���� ������� ���� ��� ��� �� ���� ���� ������� ��� ���� �� ������ ���� ���

5. ���� ������� �� �����

���� ����� �������� ���� ���� ��� �� ���� �� �� ���� ����� ����� ���:

������������ �� ���������� (������ �� ���)�

���� �� ������ (�� ������� �� ���)�

������������� �� ������ (�� ���� �������-�� �� ���)�

�� ��� �� �� ����� �� �������� ����—�������, �������, ����������� ������, ���� �� �� ��������� �������� ��� �������� �� ����� ����� �� �� ����� �� ����� ����� ���

6. ������ ����

�� ����� ������ �� ������ ���� ���� �� �� ��� �� �� ������� �� �� �� ��� �� �� �������� ���� �� �����

�����: "���� ��������"

����: "���� �� ������"

����� : "���� �������, ����� ������"

���� ���� ����?

������: "������ ����, ��� ������� �����"

�� ��� �� �� �� �� ���, �� �� �� ��� ����� �� ����, �� ��� �� �� �������

��� �� ���� �� ���������� ���� ������

7. �������� �� ����� ��

���� �������� ���� ���� �������� ���

�� �������� �� ��� ����� �� ���� �� ��� ���� �� �� ������ ���� ������ ���� ������

��� ����-���� ����� ���� ��� ��� ���:

������ �� ��� �� ������ ������� ���� ���� ���� �����

��� ������� �� ����� ���.

��������� ������: “����� �� ������� ������ �������” �� “���� ������ ������������� ��� ���� ����”

��. ���� �� ����� �� ������ ��� ��� ���� ���

8. �������� �����: ��������� �� ����� ��� ��

������ �� �� ������, ������, �� �� �� ���� ����� ���� ���� ���� �� ������� �� ��� �� ���� ���� ��� ���� ��,"������ ���� �� �������"

�������� �� �� ��� ���� ���� ��� �� �������� ��� ���� ��� �� �� ����� �� ���� ����� �� ��—�������, ���� �� �������

��� ���, �������� �������� ���� �� �����, ����� ���� ������ �� ���� �� ��� �� ������ ���� �� ����� ���

���� ���, "����� �� ��� �� �� ���� ��� ��� ��� ������ ���� ���� ���" ��� ���������� ��—��� �� ��� ��� ���� ���

9. ���������� �� ���

1. �� ���������� �� ����� ����� �� ���� ������� �� ��������� ����

��� �� �� ������� ������ �

3. �� ���, ���������� ��� ������ �� ������� ��������� �� ����� �����

4. ���� ������� ���� �� �� ����� ��� ��������� ������

5. ���� ��������� �� ������ ��� ���������� ������� ��������

�� ������� ��� ���

���������� ������ ���� ��� �� ������ ���

������ �� �������

��������� �� ���� ��� �� ��� ���� �� ������ ������ ���� ���� ������ �� ��� "������ �������" ��� ��������� ���� ��� ������ "�������� ������ ��� ����" �� ������ ������� ��� 70% �� ������ ���� ��� �������, �� ������� ���-��� ��������� �� �� ��� ���� ���

��� �� ���� �� ���

�� ���� ��� �� ��� ������� �� ���� ��� ��� �� ���� ���� ���� ��� �� �������� - �� ���� ���������� ���� ��

��� ��� ���� ������ �� ������ ���� �����

���� �� ������ 8 - ������ ����� ��� ���� ���� �� - ���, ������� ������ �������� �� ��� ���� �������������

������ 8 — ������ ����� ���

(�� ��� ������ ��������� �� �������� ���� �� ��������� ���)

�������� �� ��������� ����� �� ��� �� - �� ������� �������� �� ������ ����� ���

��� �� ������� ������ ����� ����� ���, �� �������� ������ �� ��� ����� ���������� �� ����� ��� �

������ ���? ������� ����� �� ��� ���� ����� ����� ���, ������� �� ����� ��� �� ������� ����� �� � ����� �� ����� �� ��������� �� ������� ���

1. ����� �� ������� ����� ����� �� ���

�������� �������� ������ ���, "��� �� ������� ������� �� ��� ������ �� ��������"

�� �� �� �� �� ������� ����� �� �� ������ �� ����� ����

�� ����� ��� ����� �� ��, ��� �� ������� ����� - �� �����������, �������� �� ����� ��� ������� �� �����

�� ������ �� 90% ������� ���

�������: ������� ��������� �� ����� ������ ����� ����� �� ; ����� ����� �� ����� ����� ������ ������

2. ���� ������������ ��
����������� �� �����

���� �� ��� ����� ���� �� ������
���� �� � �� ����������� ����� ��
������ ����� ��� �� ������

������ �����������
����������� ���

����� ������ �����������,
������ �������� ����� ����

(����, �����, �������) �� ���
������ ��������� ������ ���, � ��

��������

���������� ������ ��������,
��������� �������

(��������, ������) ����� �� ������
��

������� ������� (��� ����,
��������� ���� ����)

�����, �������, �����)

���, ��
��������� ����� �� ���

��� �� �� ��� ����� ���� �� �����
������, �� �� �� ������� ����
�������� �� ����� �� ������ �� �����
�����, � �� ���� ������ �� ����� ���

3. �� ��� ������ �� �����

���� ������ �� ����� �� ���� �� -
�� ��������� ���� �� ���� ���

�� ���� �� ����� �����:

�� ��������� �������, ��

�� ��������� / ���� ����� / ���������� �������

���� �� ������ ����� �� �� ����� ���� ����

��� �� ����� ���� ₹2,000-₹5,000 ���� �� ���� ���, �� �� ����� ���� ���� �����:

���� ������� ��� �� ����

�� ���� ����� ���� ���

���� ������� ���� ����

������������ �� ���������

��� ��������� ����� �� ������ ���� �� � ��� �� ��� ���� �� ������ ���

4. ������� �� �����

��� ����� �� �������� ���� ���� ���� ������ �� ������ �� ���� ������ �� ����� ������

��� �������:

���������� ������� �� ������ ���� - ������ �� ����

���������� �� ��� ���� - ���������� �� �����

���-��� ����� �� ������ - �� ��� ��������� �� ����� ��� �� ������� ����� ���

���� DSLR �� ������ ���� �� � �� ����� ������ �� ����, ����� ��� �� ������� �������, ����� ������� �� ��� �� ���� ����

5. �������� �� ��� 3–3–3 ����

��������� �������, ������ ����:

���� ������ �� ���� �� ����������
������ ���� 3 �����.

3 ����� �� ����� �� ����� (������� �� �������) ������ ���� ����

���� �����, ���������� �� ����� �� ���� �� ������ �� ���� ���� ���� 3 ������

��� ������� �� ������ ���, ����� ������ �� �����

6. ����������: ���� ������ ������

�� ����� ������� �� ���������� �� ����� ���� ���

�������� ������ �� ���, �������������� ���� ������ �� �� ��������� ������� �� ���� ���� ���� �� ��� �����

������: "��� ���� �� ���� ���, �� �� ������ ����� �� ����� ���� ����� �����-���� ���� �������� �� �� �� ����� ���� ��� ��� ��������"

������ �� ���������� ������ ����� ������ ���-��� �� ����� ����� ��� ���� ����� �� ���� ���

7. ������ ������� �� ������

������ ������ ����� ����� ���� ���� �

���� �� �� �� ���� ������ �� �������� �����

���������� ��� ���������� ��� �� ���� � ���� �

���� ����������� ������� ���� �� ����� �����

���� ��������� �� ����� ��������� �������

�������� �� ��� �� ���� � ��� - ��� ���� �� ���� ���������� ���� ���

8. ������� ��������� (�� �� ����� ���)

������������ �� ������ ���� �� ���� ��:

�� ���� ������� ������� �� ���� �� �� ������ ����

���� ���� �������� �� ��� ������� �� �������� ���� ���

������ ������� ₹500–₹1000 �� ������ �����

���� ���� ���� ������ �� �� ����, ����� ����� ���� ����� �� �� ���� ����� ���� ��������� ���� ��������� ���� �� �������� ����

9. ���� �����: �� ���, �� ����������

����� �� 24 ������ ���� �� �� ������� ����� ���� �� ������������ �� ��� �� ��� ����� ����� ���� ����� �� �� �� ��� ��� �� ��� ����� ���� ��, ������� �� �� �� ����� ���� ��� ���� �� �� ��������� �� ��� ���� ������� ���� ���

�� ���� �� ���� �� ���� 30,000 ������� �� ��� �� ������ �� ����� �� ����

��������� ���, "����� ��� ������ ���� ������ ����� ����� ����� - ��������"

10. ���������� �� ���

1. ���� �� ����� ���������� ������

2. ���� �� ������ �������� �� ��� ���� ����������� ��������� ����� �� ������ �����

3. ���� ���� ��� ����� ����� - �� ������, �� �����, �� ������ �������������

4. ��� ����� �� �������� �� �� ��� �������� ��� ��������

5. �� ����� �� ����� ������ ��� ��� ����� ���� �� ������ ��� - ��� ����� �����

�� ������� ��� ���

����� ���� ������ ������� �� ����� ��� �������� ���� ����������� ���

����� �� �������

����� �� ���� ���� �� �� ���� �� ������ ����� ���� �� ���� ����� �� ����� �� �������� ���� ���� ���� ����� �� ������ WhatsApp Business ������ ���� ���� �� ��� ����� ����� ��� ������ ���, ���� 400 ������ �� �� �� �� ������ ������ ���-��� �����

����� ���� ���� ���: "������� ��
���� ���� ���"

—-

��� �� ���� �� ���

�� ���� ������� ��� ��� ��� ��, ��� ����� ���� - ������, ������, ������ �� ��������

���� �� ������ 9 - ������� �� ���� ����� ���� ���� ��: �������� �� ����� ��� ���� ������� �����

������ 9 — ��� �� �������

(���� ���� ���� ��� ����� �� �������� ����, ��������� ���� �� �� �� ������ ����)

�� ������ �� �� ������ ���� �� ������ �� ������ ��� �� ���� ���, ��������� �� ������ ���� ���, �� ��� ������ �� ���� ���, ���� ���� �� ��� ��� ��� - ������ �� ���� ���� ��� ���� ���

������ �� ���� ������� �� �� �� ��������� ���� ������� ���� ���

�� �� ������� ���� "���" �� �������� �� ���� ��� ���� �� � �� ��� ������� �� ��������� �� ���� ��� �� �� ����� �� ��� ������� �� ����

1. "��� �� ��� ��� �������" �� ����

������� ��� �� ������ ���������� �� �� ��� �� ���� ��� ������ ���� �������

������ �� ������ ���� ��� (�������, ��������, ���-��� ��� ���� ������� �� ���� ����) �� ���� ���� ��� ��������� ���� ������ �� ��� ������� ���

���� ������ ��������� ���� , ������ ������ �� �

��: �� ��� ����� ���� ������ ���� ��� �� ���� �� ��� ���� �� ��� ������� ���

2. ���������� �� ������ ������ ��. ��������� ����

��� �� ���� ���� �� ����, ���� ������ �� ������� ��� ���� ���� �� ��������� ���

������� �� ������ ��� ������� ����:

������ ������ �������

���� ����-������ ���������, ��������,���������

������ ���

����-���� ���������, ����� ������ �����

����, ���, �� �� ���������� ��� ������ �����

�� ������� �� ���� ���� ��� ���� ���������� ��������� �� ��������� ���� �� - ���� ����-���� �������� �� ������ ����� �� ��������� ���

3. ��� ������ �� �������� �����

��������� �� ����������: ������ �� ��� ����, ����� �� ��� ��� �� ����� �� ������ ����� ���� ������� ����� ���� ��; �� ����������� ���������� ������ ��� ��� �� ���� ���

������ ������� ����: ���� �� ��� �� ���� ���� ������ �� ���� ������ �� ���� �� ���� ������� �� ���� ����� �� �������� ����-������ ��� ���

�������� ����� ������ ���� (������): �� ������ �� ������ ��� ������� �� ���� ��� �� �����, ���������, ������ ���� ������ �������-�������� �� ��� ������ ����

������: ��������� ���������� �� ����� ���� ������ ���� ���� ����� ���� �� ���-��� ����� �� �� ����� ���� ����

����������� ����� �� �� ������ �� �� ���� ���� ���� ���� �

4. ��� ������ �������� ����

����� ������ ���� �� ���� �� ����� �� ��� ���������� �� ��� ��� �

����� �� ���� ��:

��� �� ������� ���

������ ����� �� ���� ������ �����

������ �� ����� ����

���� ������ �� ���� ��, ����� ����� ���� �

5. ������ ������ ���������� ����, ���������� ������ ����

�� �� ���� ���� ���, �� ���� ��������� �� ���� ���������� ���� ���

���� ����� ��������� �������� �� ��� ���� ��� ��� ����� ������ ����� ��� �� �� ��������� �� ���� ��� ���� ���, ������� ���� ��� ���� ���, �� ��������� �� ���� ���� ���� ����

��� ���������� �� ���� ���� ��� ���� ����

������: ���� ����� ������� ����, ����� ��� ������ ������ ������ ��� �� ���� ���� ���� �� �� ��� ��� ���� ���

6. ���������� �� �������������� ����

�� ������� ������� �� ���� ��� ���� ���� ����� ��� �� '�� ����� ���� ���� ���'�

���������� ������ �������:

“��� ������ ��� ������� ����� ���� ������”

“������� �� ����� 24 ���� �� ���� ���� ����”

“�� ���������: ����� �� �����”

�� ���� �� ��� ������� �� ��������� ��� ��� ���� �� - ��� �� �� ��� ��� ������� ����� ����� �� ����

7. ��������� ����, �������� �����

�������������� �� ���� ���� �� ���� ���� �� �

���-�� ����, ���-��� � �������

��� ������� ���� ���, �� ���� ������� �� ����, ����� ��������� �� ��� ������

�� ���� ��� �� ����� ����� ����, �� �� ���� ������� �� ����� ���� ������� �� ��� ���� ��������

8. ���� ������� ����, ��� �� ���� �� �� ����� ���� ������ ���� �� ����, ����� �� ������ ��� �� ������ �� ���� ����

������ ���� �� ����� ��� ���� ���� �� ������� �� ������� ���� ���

����-���� ����� ���� - ������� �� �����, ������� ���, ��� �����, �� �������� ��� � ��� �

��� ���� �� ������ ��� ���� �� ���� ��� ��� �� �� ��� ���� ��� �� ���� ��� ���� �������� ���� ��� ���

9. �������� ������: �� �������� �� �� ������

������ �� ���� ����� ��� �� ������ �� ��� ����� �� ��������� ������

�� ����������� �� ���� ���� ��� ���� ��, ����� ��������� ����� �� �� �������� �� �������� �� ����� ����� �� ��� �������� �� �� ����� �� ������� 300 ����� ����� ���

�� ����� �� ����, ������� ��������� ����� �� ���, �� ��� ���

��������� �� ������� �� ����������� �����

������� ����� ��� ���� ���, "����� ���� ��� ��������� �� ����, ����� ����� ��� �� �� ���"

10. ����������� �� ���

1. ���� �������� �� ��������� ���������� ������ �� ���� �������

2. �� ������ ��� �� �������� ���� �������� �� ������ ���� ���� ����

3. �� ������ �� ��� ��� �� �������� �����

4. ���� �������� �� ��� “�� ���� ���� ���” ��� �������

�� ������� ��� ���

���� �� ���� ��� �� ������ ����� �� - �� ������ �� ��� �� ��� ��� �� �� ������ ���

—-

����� �� ��������

����� �� ������� �� ���� ������� , �� �� ������� �� ������ ��� ��, �� ������ �� ��� ������ �� �� ��� �� ���� �������� ������� �� ��� �� �� ���� ������ �� ������� �� ����� �����

������� ���� ���, "��� ��� ��� �� ���������� ������ ����"

��� �� �������� ������� ���� �� - �� ������ ���

—-

��� �� ���� �� ���

�� �� ���� ��� ��� ���� ���� ��� ���, �� ���� ����� �� ����� ���

��� ����� �� ���� ���� �� ������� ���� �

������ 10 — ����� �� ���� ����������

(���� ��� ���� ��� ���� ����� �� ����� ���� �� �������� ����)

�� ���� �������� �� �� �� ������� �� ����� ���� ����� ��:

"�� ��� ���� ��������� �� ��� ���� ���� �� ����, �� ��� ����� �� ���� ���� ���� ���?"

�� ���� �� ���� ������ �� ����, ��������� �� ���-��� ����� ��� �� ���� �� ����� ��� �

1. ����������� �� ������� ��� ���� ���� ��?

��������� ��������� ���� �� � �� ���� �� ��� ����� ���� ���

�� �� ����� �� ����� �� ������ �� ��� ������ ��� �� �� ����� ��� �� �� ����� ����� ���� ����

����: ������ ����� ���� ��� �� ����� ���� ���

2. 3V ����: �������, �����, �����

1. �������: ���� ��� ���� ����� �� ���� ���� ��� - ������ �� ������?

2. �����: ���� ���� ����� ���� ��� ��� �������� ������ �������� ���� ��?

3. �����: ���� ���� ����� ���� ������� ���� ���� ��, ������ ���� ����?

��������� �����, ���� �� ������ ��� �� ����� �� ��� ���� ������

3. �� ���� ��� ���� �� �� ���� ����� ����

���� ��� ����� ����� �� �������� ���� �� �

�� ���� ����� ��� ��, ���� ������ ����:

���������� ������: �� ����, ������ �����������, ������ ���� ����� �����

����������� ����� / ������ ��������: ���, ��������� ������ - ������, ������ �� �������, ���� �������������

Google ������� ���������: �� ������� ��� ���� ������ �� ��� ���� ��� �� ������ �������.

������ �����: ������� ������ ��� ������, ������, ���� �� �� ��������� ��� ���

���������� ���� �� ���� ���� �� ���� ���� ��� ���� �� �� ����

4. ����� ������ �� �����

�� ��� ������ ���� �� ������ �� ����� �������� ���

������ ���� �� ����������� ����:

"��� ���� �� ���� ���, �� ����� ���� ���� ����� �� ����� - �� ����� ��� ���� ����� ���� ���"

����� ������� ������ - ���� ���, ����� ����� �� ������� ����

������ ����� ��������� ���� ��, ����� ���� ����� ���������� ���

5. �� ���� ��������� ������� �����

��� ������� �� ��� 30 ����� �� ������� ������

������ ���� ������

1 ������ ����� " �� ��� ���� ����� ���" ����� �� ���

2 ������ �� ����� �� ������� ���� ����

3 ����� ��� ������ ����� �� ������ ����

4 �������� �� ���� ����� ���� �� �������

��� �������� ������� �� ��� ���� ���

6. ���� �������, ��� ��� �������

���� ���, ������ �� ��� �� ��������� ���� ������ �����

������� �������� �� ������� ���� ���� �� �� ����-���� �� ����� ���, �� ���� �������� ���� ���� ����

�����:

������� �������� ����

������ ��� �� ����������

������� �� ����������� ��� ���� ���-�� �����

�� ��� ���� ����� �� ���� �� ������ ��������� ��� �� ��������

7. ��������� ����� �� �����

��� ���� ����� �� ��� �������� ���� �� ���� ������� �� ���� ������ ���� ����

�� ���� �� �� ������ ���������

�� ��� ��������� �� �� ������ �������

�� ����� �� �� ����� ���������

�����-������� ��� ������ �� ����� ��� �� ���� ���� �����

8. �� ��� ���� �� ��� ����� ���� (�� �� ���� ���� �� ��� ���� ���)

�� ����� ����� ���:

��� ������� �� ���� ���� ����������� ����

��� �� ��� ������ �������� �� ������� ���� ���?

��� �� ���� ������ ������ ���� ���

�� "��������" ���� �� ��� ���� ��� ����� ��� ���� �� ������ ��� ����� �� ������� ���� ���

���������� �� ���� �� ��� ���� ���� �� � ���� ���� �� �� ���� �� ����� �� �� ���� ��� �� ����

9. ���� �����: �� ������, �� �����

����� �� ���� ���� �� ����-�� ������� ������ ���� ������� ����� ���

��������� ���� ��� ���� �� ��� 50 ���� ��� ����� �� ������� ������� ������ �������� ��� ������ ����: "���� ������ �� �� ��� ���� - ������ �� ���� �����"

������ �� ��� �� ���� ��� 200 ��� ������� � ����

�� ������ ��� ���� ���, "���� ����������� ��� 90 ����� �� ��� ���"

10. ���������� �� ���

1. ���� ��� ������� ��� ��������� ������� �� ���� ������

2. 30-��� �� �������� �������� �������

3. ���� ������� ��������� �� ���� ���� ���� �� ��� �����

4. ����� ������� ���� �������� �� ��� ������ �� �������� �����

�� ������� ��� ���

����������� �� ���� �� ��� ����� ���� ���� �� � ���� ���� �� �� �� ���� ���, ���� ���������� ��� �����

����� �� ��������

������� ��� ����������� ����� �� ������ ������ ���� ����� �� �� ������ ��� ���������� ����� �� ����� �� ������������ ������ �� ������ �����

�� ���� ���, "��������� �� ���� ����� �� ���� ���� ��� ����� ����"

�� ��� ��������� �� ��������� �� ���� ���� �����

—-

��� �� ���� �� ���

�� ��� ����� ��� �� �� ����� ���� ���� ���� �� ������ ������ ���� ��� ��� �����

���� �� ������ 11 - ������ �� ��� ��� �� - ������ �� ������ ���� �� �� ����� �� ���� ���� ���� ���, ������ ���� ������� ���� ���, ��� ������ ����� ���� ���� �����

������ 11 — ����� �� ���

(������, ����������� �� ���� �� ����� ��� ����)

�� ��� ���������� �� ����� �� �� ���� ���

�� ���������� ���� �� - ���� �� ����� �� �� ������ ����� �� ��� �� ��� ����

����� ����� ��� ���� ���� �� � �� ������������ ��� ����� �������� ���

�� �� ��������� �� ����� ��� ���� ���, �� ���� �������� �� ���� ���� ����� ����� - �� ���� ��� �� ���� ����

1. ����� �� �� ������ ��� ���� ��� ��� ���

��� ������ ���� ������, �� ������ ������ ����

�� ������ ����� �� ��� ����� ������ ����

����� ���� �� ��� �� ����.

������������ �� ��� ������.

�� ��� �� ������ �������� ���? �� �����, � �� ������ �� �� �� ���� ����� ����

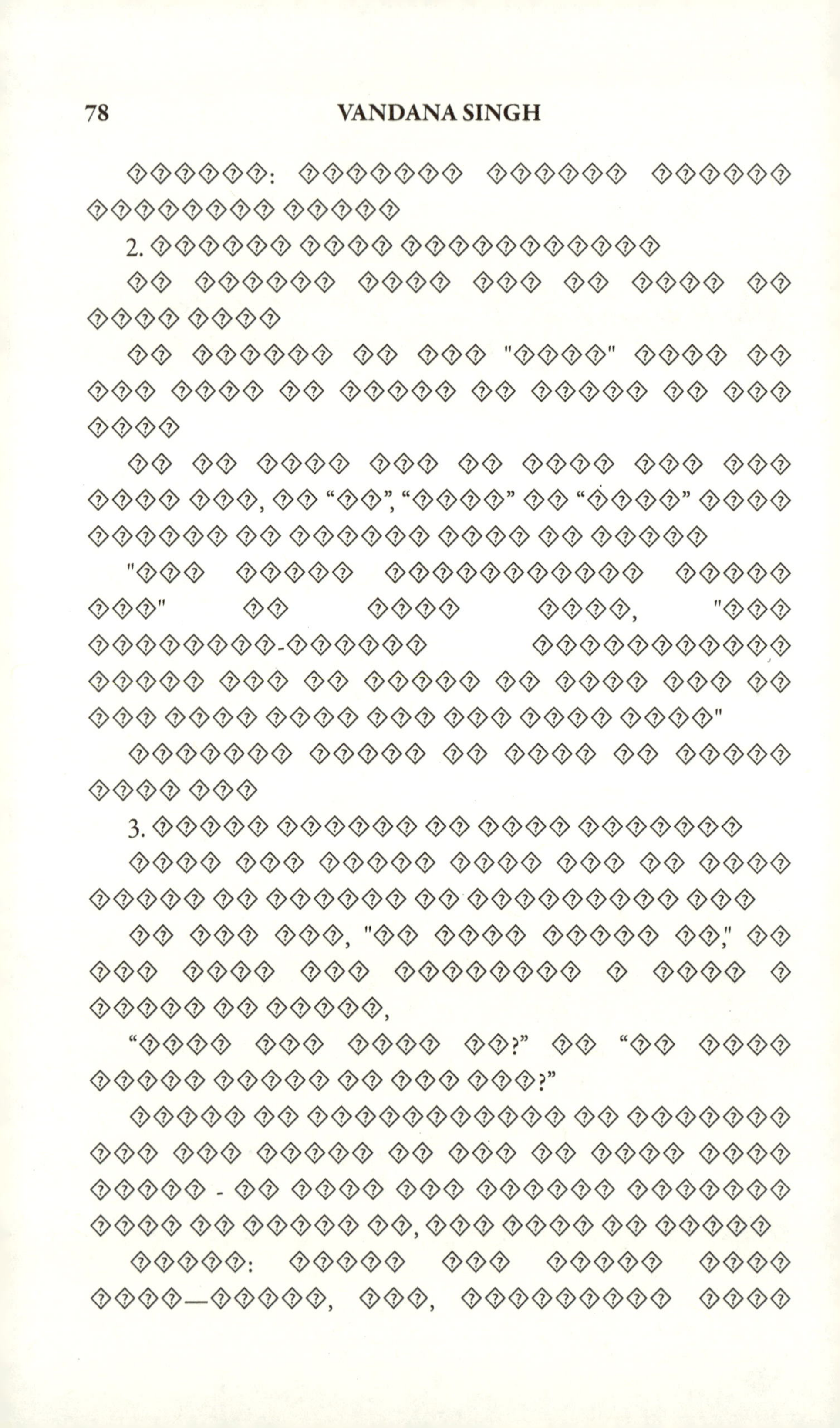

������: ������� ������ ������ �������� �����

2. ������ ���� �����������

�� ������ ���� ��� �� ���� �� ���� ����

�� ������ �� ��� "����" ���� �� ��� ���� �� ����� �� ����� �� ��� ����

�� �� ���� ��� �� ���� ��� ��� ���� ���, �� "��", "����" �� "����" ���� ������ �� ������ ���� �� �����

"��� ����� ����������� ����� ���" �� ���� ����, "��� ��������-������ ����������� ����� ��� �� ����� �� ���� ��� �� ��� ���� ���� ��� ��� ���� ����"

������� ����� �� ���� �� ����� ���� ���

3. ����� ������ �� ���� �������

���� ��� ����� ���� ��� �� ���� ����� �� ������ �� ��������� ���

�� ��� ���, "�� ���� ����� ��," �� ��� ���� ��� �������� � ���� � ����� �� �����,

"���� ��� ���� ��?" �� "�� ���� ����� ����� �� ��� ���?"

����� �� ����������� �� ������� ��� ��� ����� �� ��� �� ���� ���� ����� - �� ���� ��� ������ ������� ���� �� ����� ��, ��� ���� �� �����

�����: ����� ��� ����� ���� ����—�����, ���, ��������� ����

��������� �� ���� ����, ����� ������ �� ����� ���� ���

4. ����� �� ��� �����

���������� ��� ������ �� ����� ���� ���, ����� ����� �� ����� ���� �� ��� ���� ����

���� ������ �� ����� ���� �������� �� ��� �����: �� ������ ��� ���� ����� ���, ������ ��� ��� �� �� ��, ���� �������� ���� ��� ���� ��� �� �

�� ������ ����� �� ���� ��� ���� �� ��, �� �� ���� ��������� �� ����� �������

����: �� �����, �������� ������ ����� �� ���� 70% ����� ���

5. ���� ������ �� ������

������ ����� ���� �� - �� ������ ���

���� ������ "�����" ���� ��, ����� ����� ������ �� ��� ����� ���

����� ���� ����� ���� �� ����� ���� ���� ������

����� �� �� ��� �� �������� ����� ��� ���� ��� (���� ����� ����)�

���� ����� ����� ��� ����, ����� ���� �� ����� ���� ���

��� ����-��� ������ �� ������ �� �� ���� ��� �� ������ ��� ���� ������

6. ������ �� ��� �����

�� �� ��� �� ���� ������ ������� ���� ���� ����

�� ���� ������ ��� �� ������ ���, ��� �������� ������ �� ���� �� ��� ���� ����

���� ��� ����� � ����,

“���� �� ������� �� ��� ���� ��� �� ������� �� ���?”

“���� ��� �� ���� ����� �� ������ �� ���� ���?”

����� ��������� ���� ��� �� ������� ���

7. ������: ���� ���� ��� ����

�������� ������ �� ��� �� ��� ������ �����:

“���� ���� ������� ���� ���� ��� �� ���� ����� ���� �� ���� ��?”

������� ��� ���� ����� ���� �����, ����� �� ��� ��� ���� ����� �����, �� ���� ��� ���� ����� ���� ���� �� ���� ����� �� �����

�� ����-���� ��� ��� ������ ������ �� ������������ ��� ���� ����

8. �� ��� ��� ����

�� ������ �� ���� ���� ���� ���� �����

��� ��� ������� ������ ���� ��������� �� ���� ��, ������ ��� ���� ���� ��, �� ���� ��� �� ����� ���� �� - �� ���� �� �����

������� �� ��� �������� ������ ��� �� �� ��� �������� ������� ���

9. ��������� ������: ������ �� ������

������ ������ ����� ������� �� �� ��� ������ ��� ��:

“������ ������ �� ����� ������ ��� �� ������ ������ ��������� ������ ����� �� ������”

�� ��� ������ ��� ����� ��� �� �������� ����� �� �� ����� �����, "��� ������ ��� �� �� �� �� ��� ������ ������"

��� �� �������� �� �� �� ����� �� ������ �� ����� ������� ��� ����� �� ���

������ ��� �� �����-��� �� ����� ������ �� ����������� ������ ����� ����� ���

10. ���������� �� ���

1. ����� ������� �� ���������� �� �� ������� ��� ������, ������� �������� �� �����, ������ ��� �� ������ ��������� ����� �����

2. ��� ������ ��������� ����� ������ ������

3. ����� ����� ����� ������� �� ��� ������� ��������

4. �� ��� "��� �����" ����� ������� �� ������ ��� ������ �� ����� ��� ����� ���������

�� ������� ��� ���

����� �� ���� ���� �� ������ ���� ��, ����� ������ �� �

����� �� �������

����� �� ����� ���� �� �������� ����� ���� �� ���� ���, "�� ����� ��� ���� ��� �� ���� �� ������� ������ ���� ����, �� ������ ���� �� ������ ���� ����"

��� ����� �� - ������ ����� �� ���� ���� ���� ���� ���

—-

��� �� ���� �� ���

���� ��� ���� �� �� ���� ���� �� ������� �� ���� ���� ���� ���� ����� �� ������� ������ ��� ��—�� ������� �� ������� ����� �� ����� ������ ���, �� �� ��� ������ �����

������ 12 - ���������� ����� ��� ���� �� ����� ������: ����� �� �� ������� ��� ����� ���� ������, �������� �� ������������ �� ������� �����

������ 12 —
������������ �����
(������, �������� �� ������������� �� �������)

��� �������� �� ������������ ���� ���� ���� ����

�� ��� ���� ��� - �� �������� ���� ��, �� ��������� �� �������� ���������� ���

�� ��, �������, ������ ����-����, �������� �� �� �������� �� ��� ������� ������ ����

���� ������ �� ���� �� �������������� �� ��� ��� ���� ���� ������� ������ �� ������� ��� ��� �� ��� �� - ��������� ������ �� ����� ���� ������� ������ �� ����

1. ����� ������ �� ����

����� ��� ������ ������� ���� ���

�� ���� �� ����� �� �� �� ��� �� �� ������� �� ����� ���

��� ��� ���� �������� ���� ��� ��� ����; �� ��� ��� ���� ����� �� ���� ���� ��� ������ �� ������ ���� ��� �� �� ������� ���� ���

����: ������ ������� ���� �� � �� �������� �� ��������� �� �� ��� ���

2. ����� ��� ������

������� ����� ��� �� ����� ������� �� ��� ���� ��� - ����, �������� �� ���� ����� �� ��� �� ��� ����

�� ���� ���� �� ���� ����� ���� ������� �� �������� ���� �� ��� ���� �� ������� ���� ���� ��� ����

������� ������� �� ���� ��� �� ��������� ���� ��� � �� ���� ��-��� �� ��� ����� �� ��� ������� �� �������� �� ��� ����

��������� ���� ����� ���� ������ �� �� ���� ��� ���� ���

3. ���� �������� ����, ����� ����������� �� ���������� ����

������ ���������� �� ��� ������

�� ��� �� ������ �� ���� ���� �� - ����, �������� �����, ����������

��������� �� ���� ������� ���� ��� ����, �� ���� �� ������ ����� �� ������ ���

��� �� ��� �� ���� �� ������� ����� ���� - �� �� ���, ���, ���������� - ���� ���� ����� ��� ���� ���� �� ���

������� ��� �� ��� ��� �� ��� ����� ����������� �� ���� ���� ���

�� ������ �� ��� �� � ���� ��, �� ������ ��� ���� �� ���� ���

4. ��� ����, ������ ����

�� ������� ���� ��� �� ��� ������ �� ������� ���-���� �� �����

�� �� ����, �� ��� ��� �� �� "��������" �� ��� ����

����� �������� �� ������ ���� ���� ���

���� ������� ���� ����� ���� ������ ������ ������ ������ �� ���� ���� �� ���� ���� �� ��� ���� ���� �����

���� ������� ���� �� �� ��� ���� ���������� �� ������� �� ������ ����� ��� ������

������ ���� �� ��� ����, ����� �������� ������ �� ��� ������

5. �������� �� ������ ������� �� ������� ����

�� ����� ������ ���� ��� ����.

���� ��� ����� �����:

1. ����� ������ - ���� �� �� �������� ������ �� ����� ���

2. ��������� �� ������ - �� ��� �� ���� ��� ���� �� ����� ����� �� �� ���� ����

3. �������� - ���� ����� �������� �� "��� ����� ����"

4. ����� - ���� ���������, ���� ����, ���� ����� ����� �

���� ������ �������� ���

6. ���� ������ �� ��� ������ ������

�� �� ����� ������, ��������� �� ����� ������ ����� �� ������� ���

������ �� ��� ���� �������� ����� �� ���� ������� �� �������

��� �� ������ �� ��� ������� �� ���� ���, �� �� ������ �� �� �� ���� ����

�� ����� - ���� ������ ������

7. ������ ����� ���

�� ������� ����, �� ����� ���� ���� ���� ���� �� ��� ��������

�� ��� ���� ����, ���� ���� �� �����, ���� ����, �� ��� ����� ����� �� ��� �� ��� ����

�� ���-����� ���� ��; �� ������ ���

8. ���� �����: ��� 9 ��� �� ������-��

����, �� ����������� �������� �� ������� ������ ���, ������� ��� ��� �� ��� ���� ����

����� ������ ������ ��� �� �� ��� 9 ��� �� �� ��� ��� �� ����� ��—� ���� ����, � ������ ��� ������

�� ���� ���, "���� ����, ��� �� ���� ��� ���� ��� �� ���� ��� ����� ���� ��� ���� ��� ���� ���"

���� ������ �������� ���� �� � ������ ������� ����

9. �� ������� ���� ������

�� �� ������� ���� ����� ��� �� ���� �� �������, ����� �� ��������, ���� �� �� ��������� �� �������

�� ��� �� �� ������� ���� ����� �������� �����

���� ������ �� ������������� ����� ��� ������� ��, �� ����-���� �������� �� ����� ��� �� ����� �������

����� ������ �������� ��������� ���� ���� ���

10. ���������� �� ���

1. ���� �������� ��������� ������� �� �� ���� ������ �� ���� ���� �������� ��� ����� ���

2. �� ������� �� ��� ����� �� �� ������ �������

3. ���� ������� ��� �� ������-����� �������� ���� ���������� �����

4. �� ������� ���������� �������� ����� - ��� ����� �� ��� ��, �� �� ��� ���

�� ������� ��� ���

������� �� ����� �� ��� ���� ���� �� � ����� ����� ����� ����� ������ �� ������ ����� ���

������ �� ��������

������ �� ������� ��� ������� �� �������� ������ ����� ����� �� ��� �� ���� �� ���� �������� �� ���� �������� ��� ��� ����� ��� ������� ����� ���, "��� ���� �� �� �� ���� ������ ��� ����� ���� �� �� �� �������� ���� ��� ��� ���"

��� ����� ������� �� - �� ������� ���� �� ������� �� ���� ��, ���� �����

—-

��� �� ���� �� ���

���� ��� ���� �� �� �� ���-���� ��� ���� ����� ���� ��� ����� ������� ����� ������ ���� ���� — ���-��� ������ ����� �� ���� ����

���� ��� ������ 13 ��� �� - �� ����� ����� ���, ������ ���� ������ �� ������ ����� �� �������, ������� �� ����� �� ����� ���� �� ���� ��� ����� ��� ���

������ 13 – �� ������ ����� ���

(������� ��������� ������� �� ������ ���� ��� ����)

���� � ���� ���, ��� � ��� ������ �� - �� ��������, �� ������������, �� ������ �� ��� �� ���� ����� ��, ����� ���� ��� �

�� ��� ���� �� �� ������ ��� ���� ���� ����

��������� ��� ��� ���� ����

����� ����� ���� �� ����� ��� �� ���� ���� ���� ���

1. ��������� ���

�� ����� ��� ������ ��� �� �

�� �� ��� �� ������ ���� �� �� �� ������� ��� ���� ��� - �� �� ��� �� ������ �� �� �� �������� ��� ����

������ ������ ����� ���� ������� ���

"��� �� �����?" ����� �� ���� �����, "�� ���� ���� ���� ��� ��?"

�� ��� �������� ������� ���� �� - �� ��� ��� �� �������

����: �� �� ������ ��� ���� ���, �� ���� ������ �� ������� �� ���� ����

2. �������� ������������� ������ �� ���� ����� ������ ����� ��������

����� ��� �������� �� ��� ������

1. ������� ��� ��� ������������ - ���� ������ ���� ����, ���� ������ �� ������ ����, ����-���� ���������� ���� �����

2. �� ����� - �� ������ �� �� ����� �� ������� �� ������� ����, ����� �� ������� ���� ���� �� ������� ���� ���

3. ����� ��������� �� ������� ����-��� �������, ������� � ��� �� ������ �� ���� ��� ��������

4. ��� �� ��� ���� �� ������ - ���� ���� �������, ���� ���� �����

5. �������� - �� ���� ���� ���� ������ �� ���� ������ ������

��� ������ �� ��� �� ��� ���� ���� ��� �� ������� ���, �� ������ ��� ��������� �� ������ ���

3. �� ������� ������ ��

�� �� ��� � ������ ���

������� ������ ��� ���� ���; ������� ���� �� ��� ��������

������-�� ������, �� ����� �� ��� ������, �� ��� ��� ��������

������ ������ �� ��� ���� �� ����, ���� ���:

���� ���������� ��� ������� ��?

���� ���������� ��� ������� ��?

���� ������ ��� �� ���?

������� ����� �� ���� ����� �� ���� ���� ���� ����� ��� ���

4. �� ���������� ����� �� ���

���� �� �������� ��� �� ����� ��� �� ���� �������

��� ��� ���� ���� �� ��� ��:

���� ����� ������ �� ���� ����� ���� (��� ���� ��� ��� ������ ���� ��, �� ��� ��� ���)�

����� �� ������ ���� ���� - ��� ��� �� ��� � �����

������� �� ������� ���������� ����, ������ ��� �� �����

�� ����� �������� ��� ���� �� � �� �� �� ��� ��� ����� �������� �� ��� ������� ���

5. �� ���� �� �� ���

�� ��������� ���� �� ���� ���:

1. ���-����� ������ ��� ����� �����

2. ����� ������ ����� ������� �����

3. ���� ���� �� ����� ��� ���� - ������� �� ��� �����

4. ������ ���� ��������� �� ��� ���� ��� �� ���� ���� ����� �� ���������� �� ������

5. ���� ��� �� ��� ��������� �����

��� ����, ���� �������� �� �� ���� �� ��� �� ����� ���� ����� ��� �� ���� ���� ���, �� � �� ����� ������

6. �� ����-����� �� �� ���� ��

�� �������� �� �� ��� �� ���� ���� �� �� "���� ���� ����� ���� ���� �������"

�� ����� ��������� �� ������ ����

����� �� ����� �� ����, ��� ������

��� �� �� ���� ��� ��� �� ���� ���� ��� ��� �� �������� ���� �� �� ���� ����� �� ���� ���� ���� �� ��� ���� ���

�� ��������� �� ������ ���� ����� �� ���� ������� ����� �� ���

�����, ��� ��� ���� �� �������� ���� � ���� ���

7. �����- ���� -����� ����

�� ����� ��� �� ���� ���, �� ���� ��� ��� ������ ���� ���:

1. ��� ��� ���� - �����, ������ ����, ���� ���� �����

2. ����� �� ���� - ���� �����, ����� ����, ������ �����

3. ����� - ���� ��� �� ����� ����

���� ������ ��������� ��������� ��, ����� ���������� ��� �� ������� ��� ����� �� ����� ������ �������� ���� ��, ����� ����� ��� ���� ����� ���

��� ���� ����� �� ������ ��, � �� ��� �� �� ����� ���

8. ��������� ������: �� ������ ����� �� ������� �� ��� ����

�� ���� ������ �� ����� ����� ���� ���� �� �� ��� ���� ��� ����� �� ���� 80,000 ����� �� ������� ��� ���

�� ���� ��� �� �� �� ��� ���� ����, ���� ���� ���� ��� �� – 50% ������ ������ �� ���� ��� ������� �����

�� ���� ��� ���� ������ ������ �� ����

�� ���� ���, "�� ������ ���� ���� ��.��.�. ���"

9. "����� ���������" �� �������

���� ������ ��� �� ���� ���� ������������ ����� �����:

�� ���� �� ��� ���� ���������?

�� ����� ��������� ���� �������?

��� �� ������ ���� ���� �� ��������� �� ����� ���� ���?

���� ��� �� ���� ���� ��� ���� ����?

��� ��� ��� �� ���� �� ���� ��� ��� �� ��� �� ������� ������

10. ��������� �� ���

1. ���� ������� ��� ���-��� ���� ���� �� ���� �� ����� �����

2. �� ���� �� ����� (�� ���, ���� �� �����) ������

3. �� ���� ��������� ��� ����� - ���� �� �� ����� ������ 500 ����� ���

4. ���� ������ �� �� ����� ���� ������� �� ��� ���� ����� �� ����� ����� ��������

�� ������ ��� ���

����� ����� ��� ���� ����� ������� ���� �� �����

����� �� �������

���� �� ����� �� ������ �� ���� ��� �� ��� ������ �� �� ���� ��� ��� ����� ����� ����, ���������� �����

���� ��� �� ���� ���� ��� �� ��������� �����

����� �� ��� ��������� �� ���� ���� ���� ����� �����

������� ������� ������� �� ���� ���� �����-����� ������ ������ �� ���� ���� ����

—-

��� �� ���� �� ���

���� ������ �� ����� ���� �� �������� �� ���� ��� ���� ��� ����� �� ������ ��� ���� ��-��� �� ���� ���� ��� ���

���� �� ������ 14-��, ������ �� ���� ���� �� ������ ���� ��: �� ������ �� �� ���� ��� ������

������ 14 — ��, ������ �� ���� ����

(������� �� ��� ��� �����)

�� ������� �� ���� ��� �� ��� ���� ��� �� �� ��� ���� ���� �� - �� ���� ������ �� ���� ��, ����������� ���� �� ���� �� �� ������ ������ ���� �� ������� ��� ���� ���� ��������� ���� ���

������ ���� ������� ���� ���� ���� ���: �� ���� �� ����� ��� ���� ���, ����� �� �� �� ��� ���� ����� �

1. �� �� �����

�� �� ����� ����� ���� ����

�� ���� ���������, ����, ��������� �� ����� �� ����� �� ��� ���

����� �������� ���, �� ��� ���� �� ������ ���� ��� �� ���� ��:

"�������� �����"

�� ����� ���� ��:

"�������� ����"

�� �� �� ���� ���� �� ���� � �� ��� ������ ���� ��� ���� �� ���� ���� ��� ��� ���� �� ��� ���������� �� ���� ����

��: �� ��� ���� ����� �� �� �� ��� ����� ��� �� �� ���� �� ���� ���

2. ������ �� ������� ����

������ ��� �� ���� ���� �� � �� ����� �� �� ������������ ����������� ���� ��:

�������� ������� �� ������ �� ��� ���� �� ������ �� ������ �� ������� ���������

����� ����� �� ����.

������ ���� ��� ����.

�� ��� �� �� ��� �� ���� �� ��� ��� ��� �����, �� ���� ��� �� �� �������� �� ���� �������

���� ����� ������ �� �� ������� �� ��� ��� �����—���� ���� ���� ��, ���� �� ������� ���� ���, ���� ��� ����� �� ���������� ����� �� ����� ���� �������� �� ���� ���

3. �������� �� �������� �� ��� ��� �������������� ����

�������� ������ �� ���� �� ������ ������� ���� ���� ��:

��� ��� ����������? → ���� �������� ��� �����

���� �����? → ���� ������� �� ��� �����

���� �� ��������? → ���� ��������� ��� �����

�� ������ ������ ����� ��� ������

��� �� ����� �� - �� �����, ���� ������

4. ���� �������� �� �����

���� ���� ���� �� ���� ����� ����� �� ���� ���� ���� ���� �

���� ���� �� �� ���� ��:

�� ������ �� ��� ����� �� ���� ����� �����

���� ������ ����� �� ������� ����.

�� ��� ����� ��� ������.

�� ������ �� ����� �� ��� ���� ������� �� ���� ���� �����

���� ���� ���� ���� ����� �� ���� ���� ���� �� - ����� �� �����

5. ���-�� ����: �����, �����, �������������

1. �����: ���� ���� ���� ���? (���� ��� �� ���� ����� ������)

2. ����� ����: ��� ������ ���� ��� ���� �� ��� �� ����� ���� ���

3. �������������: ���� ���, �� �������, ������ ������� �� ����

�� ��� ������� ��� ���� ��� �� ����� �� ���� ��� �� - �� ��� ��� �� ��������� ���� ���

6. ����� �� ���� �� ��� ��� ������

���� ���� �� ����� ���� ��� ����� �����, �� ���� ����� ������

���� �������� �� ���������� ��� �� �������� ���� �� �� ���� �� ��� ���� �����

��� ������� �������� �� ����� ���� ����

�� �� ���� ���, "���� �� ������ ����, �� ��� ���� ����, �� �� �� ����� �� ��� ���," �� �� ������ �� ������������ ��� ��� ���� ����

7. �������� �����: ������� �� ��� ���� ����

���� �� �� ����� ���� ���� �� ����� �� ���� �������� �� ������ �� ��� �� ���� ����� �� ���� ������� ��� ��� ����� ��� ���� ��, ����� �������� ������ �� ���

�� ���, ��� ���� ��� ���� - �� ���� �� ��� �������� �� �� �� �������� ��� ����� �� ��� ���� ����� �� ����� ���� ����

�� ����� �� ������ ���� ��� ��� ������ �� ���

�� �� ���� ��� �� ����� ���

���� ����: "��� ��� �� ���� ���� ����� �� ������ ���� ���� ���"

8. ����� ���� ��� �� �������

��� �����: �� ��� ���� �� ���� ��� ��� ��� ���� �� ���� ������ �� ����-������ ����� ���

��� ���� ����: �����, "������ ��� ���� ���� ���� �� ���� ��?"

�����: ���� ���� ������ �� ������ ���� - ��� ����� ����� �� �� ���� ���� ���������

�� �� �� �� �� ������ ������ ��� �� �� ���� ���� �� ���� ���

9. ���� ��������� ��� �� �������

���� ����� �� ����, ��� ����� ����:

3 ���������� �� �������� �������� �� ������� ����� �� ����� ����� ����

������������ �� ����������������� �� ������ ����.

������� ��������� �� ����� �� ����� �� ����������.

����������� ��� �� ������ �� ������������� ����� �� �������

�� �� ����������� ����� ������� ����� ��� �� ����� ����� ����� ����� �� ����� ���

10. ����������� �� ���

1. ����� ������ ����� ������� ������ - ����� ����� ����� �� �� ����� ����� ����� ��������

2. �� ��� �������� �� ������ ����� �� ������ ��� �� �� ��� ��� ������� ��� ������

3. ����� ���������� “���������� ���” �������

4. ��� �� ����� �������� ����� �� ��� �� ����� �� ��� ����������� ������

�� ������� ��� ���

�� ������� ����� ����� ������� �� ��� �������� ����� ���� ���

������� ��� ����� ����� ���� ���� �� ����� ������� �� ����� ��� �� ���

����� ������ �� ����, �������� ��������� �� ������ ����� �� ������� ������ ���� �� �����

��, �� �� ��������� ������ �� ��� ��� ������ �� ��� ���

�� ���� ���, "���� ������� ������ ���� ��� � �� ���� ������ ��� ����"

—-

��� �� ���� �� ���

���� ��� ���� �� �� ����� �� ��� ���� ���� ���� ���� ���

���� ��� ������ 15 ��� �� - ��� ����� �� ������� - ���� �������������� �� ��� �����, ��� ��� ����, �� ����� �� �� ����� ���

������ 15 — ���������
�� ������

(�� ������ �� �� �������� ����� �� - �� �� ������ ����� ��)

�������� ��������� "������" �� �� ��� ���� ���� ��� ����� �� �� ������ �� �������� ������� ���

������ ������� �� ���� ������ ���� ������� ���

���������� �� ���� ���� ���� ���� �� � ���� ���� �� �������� �� ��� ������ - ���� ��������, �������� �� ���� ������� �� ������� ���� ����

1. ���� ����, '����������' �� ��� ������ ������

��� �� ��������� �������� ���� ���� ���, �� ������� ���� �� ���� ������ �� ��� ���� ������ - ���� ������,���� �������,���� ����

��� �� ������:

��� �� �� ���� ������ ���� ��, ������� ����?

��� ���� ���� ���������� �� ����� ��������� �� ���� �� ���� ���?

��� ��� �� ��� ���� �� ���� ���� ���� ���� ����� ���� ��?

���������� ���� ������ ����� ��� ��� ��� ����� ����� ��� ����� ����, ���� ����� � ����

���: ��� ���� ���� ����� ���� ��� ����� ��� ��� ����� ����� ���� ����� ������ ����

2. ������ ��� ��� �������

�. ����������� ������: ��� ����� ���� ����� ��� ���, ����� ����� ������ ����� - �������� �������, ��������� ���� ������ �����, ������� �������, ��� ������ ��������� �������

�. �������� ������: ��� ���������, ��� �������� ��� ��� ��������� ���������� ���� �������� ������

�������� ����� ��� ����� ���������� ���� ��� ����� ������

������� ��� ����� ������ ��� ������ ����

3. �������� ��� ����� ������������

�������� ��� ���� ��� � �������

�������� ����� ��� ����� ����� ������������ ���� ��� �����

������:

����� ����� �������� ��������� ������� ����� ��� ������ ����� ���?

����� ����� ���� ����� ������� ������������� ������ ���� ���� ����?

����� ����� �������� ������� ���� ��� ���� ������ ������ ���?

���� ������ "���� �����" ���, ��� ��� �������� ��� ���� ������ ����� ���� - ��� ��� ���� ����

�������� �� ���� �� ����� �����
��� ��� �������� �� ��� ���� ���

4. 70-30 ����

���� ��������� �� 70% ����� �� ��� �� ��� �� ��� ����� ���� ��� ����� �� 30% ��� ��� ������ ���� ���.�������

���� ��� ������� ����� ��� ���� �� �� ��� �� ������ �� �� ������ ����� ���

��� �� �����, ���� �� ����� �� ���� ����� � ��, �������� ����� �� ���� �����

5. ��� �������� �� ����

�� ������� ���� �� ��� �� ���� ����, ����� ���� �� ������ �� ���� ������ �� ���� ����

�������� ������������ , ������� ����� ����, �������� ���� ���� - �� ��� ������� �� ��� ����

����� �� �� �������� ���� ���, ���� �����

��� ��� ��� ���� ���� ���� ����� ��� �� �� �� ���� �� ����, �� ����� ����� �� ���� �� ������ ���� �����

6. ���� ��������� �� ��� �������� ��������� ���������

����������� �� ��������� ����: ������ �� ���� ����� �� ��� ���� ������ �� ��� ������ ����

����������� ���������: ���� ��������� �� ��� ��� ����� -

��-��������� ���, ���� �����, ������� ����

������ ���������: �� ����� ����� �� ���� �-������� �� ������ �� ������� �����

��������-���������: ����� ���-��� �� ���� ���� ����� ��������� ���� ���� - �� ��� ���, �� ��� �������

��������� �� ���� ����� "����" ���� ���� � ���-��� ���� ���� "�����" ���� ���

7. �������� �������

������� ���� �� ���� ��������� ����:

��� ����� �� ������� ���� �� ���� ���

�� ����� ������ ���� ��� ������� ����� ����

�� ��������� ���� �� ������� ��� �� ����� �� ���� ����

���� ����� ����� ���� ��� ��� �� ���� �������� �� ���� ���

����� �� ����� �� ���������� ���� ����� - � �� �� ���� ����� ����� ������

8. �������� �������

����-���� ���� ������� ����� ��, ���� ������� �� ����� ������

�� �� ��� ���� �� ��� ����� �� ������ ����� �� ���� ���������� ���� ���

������ ������ �� ������ ������

���� ������, ������� �����

�� ��� ���� ������� �� �� ����� ���� �� �� �� ��� ��� ���� ����

9. ��������� ������: ���� �� ���� �����

���� �� ���� �� ��������� ������������ ������� ������ ���� �������� �� ���� ���� ������ ��� ������� ���� �� ��� ������� ����, ����� ��������� ��� �� �����

���� ����, ��������� ���� ������� ��������� ��� ������ ����, �� ���� ������� �� ��� �� ��� �� ������� ��� 20% �� ������� ���

���� �� ������� �� ���

���� ���� ��� �� ����

�� ���� ���, "��� ������ ���� ���. ��� ������� �� ��."

10. �� �����

������ �� ��� ��:

��������� ��� �������.

������� ������� ���� ���.

�� ���� ��������� �� ��� ����� ���� ����

�� ����� ��� ���� ��� ���� �� ���� ��� ���� ��� ����

������, ������� ���� ��� �� ���� �������� ���� ���

11. ��������� �� ���

1. ��������� ���� �� ���� �������� �� ��� �� ������� ������� ��� �������� ����

2. ��� ����� ���� ���� �� ���� ������ ����� �������

3. ���� ������ �� ��������� �� ������������� �����

4. 6 ����� �� ����� ����� - �� ������, �� ������, �� ������

�� ������ ��� ���

������ ���� ���� �� ����� ���� �����, � �� ���� ���� ���

����� �� �������

�������� �� ���� ����� �� ������� �� �� ���� �� ������� ����� ���� �� ������ ��� �� ������, �� ���� ���� �� �� ����� ����� �� ���� ���

���� ��� ���� ���� � ���� ���� ���� ���� ������� �������� �� �������� �� �����

���� ��� 40% ��� ��� - ���� �� �� ���� ��� �� ������ ���

�������� �� ���� ���� ��� ���� �� � ���� ���� �� �����

—-

��� �� ���� �� ���

���� ������� ���� ��, ���� ���, ��� ��� �� ��� ���� ���� ����� ��� �� �� ����� ���� �����

���� ��� ������ 16 ��� �� - �������� �� ��������� - �������, ���� ����� �� ������� �� ��� ����

���� ������� �������������� ��
���� ��� ���� ���, ���� ���� ����

������ 16 — ��������
�� ���������
(������� �� �� ��� ���
���� ���)

��������� �������� ������ ��� ����� ��-�������� �������� �� ����

�� ���������, ���-������� �� ������� �� ���� ����� ���, �� ���-��� ��� ��� ���� ����� �� ������� ��� ��� ��� ����

���� �� ���������� �� ������� ��� ��� �� - ��������� �� ��� ��� ����, ������ ��������� �� ����

1. ���� ������ �� ��������� ������ ��

�� �� ���� ��� �������� �� ��� ���� ��� �� ���� ������ �� ��� ��, �� ��������� �� �� ���� ����

������� �� ��� ����������� ����, ��� ��������� ����, ��� ����-������ �� ������ ����� ���� ���

�� ������� ������ ���� ��� �� ���� ��� - �� ������� ������ ���� �� ���� ����

�� ���� ���� ������ ���� �� ���� ����, ������ �� ���� ��� �� ������ ���

����: �� �� �� ��� ������ ��� �� �� ���� �� ������ ����

2. ���� ����

�� ��� ���������� �� ������� �� �����, �������� ���� �� ��� ��� ����� ����

������ ���, ���������� �� ����� ��� ��� ���:

�� �������� �� �� ��� ��� ���

������������ ������ �� ���� ����� �� ����������� ���� ����

�� ������ �� ���� ���� ���� �� ��� ������ ���

���� ����� �� ����� ����������� �� ������ ���� ����� ���� ������� �������� �� ������ ���� ���

3. ��� ����������� ������

��� ����� �� ���� ���� ��:

���� ���� ������ �����, ����� ���� ������� � �����

��� ��� �� �� ���� ���� ������� ���� ���

���� ������ �� ���� ��������� �� ������� �����

������ �� ���� ��� ���� �����

���� ���� �� ������ ���� - �� ������� ������� ���� �� ���, ����� �������� �� ����

���������� �� ��������� ���� �� �� ��� ������ ���� ���, � �� ����� ���� ����

4. ������ ���� �����

�� ��� �� ������ ���� �� ���� ���� ����� - ������, ������ �� ����������

���� ��� �� ������� ����� ������ ���� ���, ���� ���� �����

���� ������ �� ���� ��� ������ ����� ���� - ���� �� ����-���� ������� �� ����� � ����

���� ���� �� ��� �� ����� �� ��� �� ���� ���, ���� - ������, �������, ��������

���������� ��������� ������ �� ������ ���� ��, �������� �� �����

5. ������� - ���� ����� �� �����

������� ��� ������ ���� ���� �� � �� �� ���������� ����� ���

�� ������� ��� �� ��-����� �� ����� �����, ����������� ����� ���� �� ���� ����� �� ����� ���� ��� ��� ���� ����

��� ������ ����, ����� ��������

�� �� ����� ���� ������, ���� �� �������� ���� ���� �� - �� �� ���� �������� �� ��� ���� ���

����� �� �� ����� ������� ���� �� ���� ���

������� ����� ������������ �� ������� �� ���� ����

6. ���� ����� �� ������ �����

���� �� ��� ���� �� ������ ����:

���� ������� �� ����� �������� �� ��� ��������� �����

������� ������� ���� �� ����� ������ �����

������� ��� �� ������ �������� ��������

������� �� ��������� �� ����� ���� �� ��� ���������� ����� �������

� ����-���� ������ �� ���� ������

7. ��� ������� �����

������ �������� ���� �� , �� ������������� ���

����� �� �������� ���� �� ���� �� �� �� ��� ������-��� �� ��� �� ���� �������

����:

“��� �� ������������� ������� �� ��� ��� ���-���� ��� ���� �������?”

"���� �� ���� ��� �������� �� ����� ��� ����� �������� ��� �� ��������� ����� �� ��� �� ��� ��?"

������ �� ������ ��� ���� ��, �������� �����

8. ���� �����: ��������� ������

������� �� ���� �������� - �� ����, �� ���������, �� ����� ���������, �� ������ �� �� ������� �������� - �� �������� �� ������ �� ���������� ������ ������

��������� ������� ���� ���� �� ���������� ������� ����� ���� �� �����

��� ��� ���, �� � �������� ����� ���� �� ������ �� ��-������ �� ���

���� ����? "��� �������� ����, ��� ���� ����-���� ������"

�� �������� �� ����� ���

9. ���� ������

�� �� ���� ���� ����� �� ����������� �� ����� ���� ���, �� �� ��� ��� ������� ���

��������� ����� �� ��� �� ���� �� -�� �������� ����� �� ��� ���� ��, �� �� �� �� ���������� �� ����� � �� ����

�������� �� ��������� ����� ������ ���� �� - �� ����������� �� ���

�� ��������� �� �������� ������ ��� �������� ���� ������� ���

10. ���������� �� ���

1. �� �������� ������������� �� ������ ���� - �� ���� �� ���, ����� ��������� �� ����

2. ���� ����� �������� ���� ��� ����� ��� �� ��� ���� �����

3. ������� ��� �� ����� �� ��������� ������� ������� �����

4. ����� ��� �� ��� "�������� �� �����" �� ��������� ����� - ��������� �� ��� �� ����, ����� ����������� �� ��� ���

�� ������� ��� ���

����������� ���� ���� ���� ��� �������� ���� ��������� ���� ���

����� �� �������

��������� �� ��������� ������ ���� �� �� �������� �������� ��

����������� ���� ���� ����, �� ���� ����� ����� ����� ����

�� ���� ���, "���� ��� �� ��� ���� ��� �� ��� ���� ����� �� ��� �� ��� ������ ��� ������, �� ���� ���� ��� ����� ��� ��� ����"

������� �� ���� ���� ������ �� ������ ����� ��� �� ���� �� ����� ���

—-

��� �� ���� �� ���

���� ���� ���� ��� �� �� �� ���� ������ �� ���� ���

�� �� �������� �� ���� ����� �� ��� � ��� ��, ��������� ��� ������� ���� - �� �������� ������� ��������� ����� ��, ������ �� ��������� ���� �� ������� �����

������ 17 — ��������������

(��������� �������� ���������� ������ �� ������� ��)

�� ��� �� ���� ������� ���� ��� - �� �������� ���������� ������� �� ��������� ���� �� ���� ����� �� ��������� ������ �������

�� ����� ���� ���� ��� �� � �� �� �� ������� �� �������� ����-���� �� �� ���

����������� ������ ���������� ���� �������� ��� ��� ���� ������� �� ������ ����

1. ������ ������ - �������������� ��������

���� ���� �� ���� �� "������� ���������" ���� �� ��� ����, ����� ����� ���� �� �� ���� �������� �� ��� ����

������� �� ��� ��������� �� ������ �� , �� �������� �� ������� ������ �� ����� ���� �� - �� ��� �������� �� �� ��� ������� ���

�� ��� ������� ������� �� ��� ����� �� �� ���� ������� ���� ����� ���� ������ �� �

��������� ������ ��� ���������� ������� ����, ���� ������� �� ��� ���� ����� �� �� ��� ������� ����� �� �� �������� ����������� ��� ��� ��� ���

���� ���:

“�������� ������� ���� �� – �������� ������� ���”

������� �����, ������� ���������� �� ������� ���� �� ������ ���� ����, ����� �� ���� ����� �� ��� �����

���� ����� �� ��� �� ������� �� �� �� ��� ������� �������� �� ��������� �� �������� �� ���� ��� �������� ��� "�����" ���� ���� ���

2. ������� ���� - ��������� ���� �� '�������� ���������'

����� ��� ����� �� ���� ��� �� ���� ��� ������� ������� ���� ������� ��� �� ���� ����

���� ����, ��������� ��� �� ��� �� ���� ���� - ���� �� ����� �� ��� ���, ��� �� ���� ������� ������� �� ��� ���, �� ��� ��� �� ��������� ����� �� ����� ���� ������ ������� �� ���� �� ��� ����

�� �� ��� �� ���� ����� ���� �� �� �������� ����� ���� �� - �� ��� � ����� �� ������ ���� ��� ������ ���

���� �����:

"��� �� ���� �� �� ���� ���, �� �� �������� �� �� �� ���� ����"

3. ��������� ���� - ��� �� �������, ����� ���

����� �������� ��� 25 ������� �� ����� �� ���, �������� ���� �� 50 ���� �� ��� ��� ����� �� ������� ���

�������� ����� �� ��� �� �� ���� ��� �� ���� ��; ����� ���� ���� ������ ����� �� �����

��������� �������� ������������ �� ����� ���� �� ������ �� ��� ������� ����, ����� ������ ������� �� ���� ���� ����� ����� �� �������� �� ��� ���� �� ��� �����

����� �� ����� �� ����� ���� �� - �� �� ����������� ����� ���

��������� �� ��� �������� �� ��� ������ ����� ��� �� ����� ��� �� ��������� ���� ���� �� ���� ��:

"����� �� ��� �������� ���� ���� �����"

4. ����� ��� - ����� ����� �� ��� ��

����� ��� �� ����� �� ����� ���� ����� �� ���� �� ���� ����� ��� ����, ��������� ��� ��� ���� , �� ��� ��� ���� ����� �� �������� ���� �����

���� ���� �������� �� ���� ���� �� - ����� ������ �� ��� �������, ������ �� �������� ������������

������, ���������� �� ����� �� ������, �������� ���� ��������� ������ ���:

������� ������ ������� �� ��� ���������

"����� �� ����� ���� �� ��� ������ ���� �� �� ��� �� ���� ���� ����� ������ ����� �� ������� �� ���� �� ���"

5. ��. ���� ���� - ���� �� ������ �����

�� ��� ������� �� ��� �� �� ���� �� ��� ����� ������������ �� ���� ��� ����� ����

���� ���� �� �� ������ �� ����� �� ������� ��� ���� �� ����� ������ ���������� �� ������� �����

���� ������ ���� ������ �� ������ ���� �� ; �� ���������, ����� �� ���� ���� ���� �� ��� ���� ������ �� ������ ���

�� �� ��� �� ������ �� �� ������ ����������� �� ������� �� ��� �� ���� ����

���� ��� ���� ����� �����������
��:

"����� �� ���� �� ���� ����� �� ��������� ���� �� �"

6. �������� ������ �� ���

��� ����� ��� ��� ����� ��� ��� �� ���� ����� - ���� ����� ����,

��������� ����� ����, ���� ����� �� ������� ���� ����, ������� ������ ����, ����� ����� ����, ����� ���� ���� ���� ��������

�� ��������� ����������� ��� - �� �� ���� �� ������� ���, ������ �� ����� ��� ������ ����

�� ��� �� �� ������ ���� ���� ���� ��, "��� �� �� ���� ���," �� �� ������ ��� ���� ����� �� ��� ����� ��� ���� �� ���� ���

7. ��������� ������: ��������� �� ����� ��

��������� �� ���� �� �� ����� ������ ������ �� ��� �� ����� ������ ���� �� 5,000 ����� �� �� ���� ������ ���

�� �� �� ����� ���� ����� ��� ������ ���� ������� ������� ��� ���� ����

���� ������� �� ��� ������ ��� �� ���� �� - ����� ����� �� ���� ��� ���� ���� ��� ���

����� �� ���� ���� ��� �������� ���� ���, "��� ���� ���� �� ��� ��� ���� ����� ��� �"

�� �� ������ �� ���� ��� �� �������� ���� ���� �����

8. ����� �� ���� �� �������

����� �� �������� ����� ��� ��� ����� ���� ���:

������: ��������� �� ���� �� ���� ��� ���� ��� ��� �

�����: �� ������� ���� �� �� �� �� ��� ����

���������: ��������� ��� �� ���� �� ��� �������� ������

���� ���� ��� ���� �� ������ ���� ��.

���� ���� �� ������� ���� ���� ���� �� ��� - �������� ��������� ��� ���� �� ������� �� ���

�� ������� ��� ���

�������������� ��� ��������� ���� ��� � �� ������� �������� ��� ���������� ������� ������� ��� �� ���� ���

������ �� ��������

�� ���� ��� ��� �� ������ � �� , �� ���� ��� ��� ����� - ����� �� ��� ��� ����, ����� ������� �� ��� ����

��������� ���� ������ ��, ����� ���� ���, �� ������� ��� �����

��� ��� �� ����

—-

��� �� ���� �� ���

�� ���� ���� ��������� �� ��� ���� ��, �� �� ��� �� ���� �� ����� �� - ���� ����� �� ����� ���� ���������������� ���

���� ��� ��� �� ������ 18 - ��������� �� ����, �������

������� �� �������� ����� ����-���� ��� �������� �������������� �� ���� �� ��� ����

������ 18 — ��������� �� ����

(������� ������, ���� �����������)

�� ������� ��� ��� �� ������� ���� ������

��� ��� ���� �� �� ���, ������ �� ���� �� ��� ��������� �� �� ����� �� ������� ����� ����

�� �������� ���������� �� ���� ���� ������� - �� ������ ���� �� ���� ������ ���, �� ���� ��� ��� ������� ��� ��� ���� ����

1. ������ - ���������� �� ����� ����

������ �� �������� �� ������ ���� ������� �� ���� ������ ����� ������

���� ��� �� ��� ������ �� ����� ��� �� ������� ���

���������� �� ������� �� �� ��� ��� ��; ���� ���� 20 ��� 200 �� ���

��, ���� " ��� �� ����" ���� ��� �������� ��� ���� ����� ���

���� ������?

“������ ��� �������� ������ ���� ������ �� � ������ ������� ����� �� ������ ����� ���”

����� ���� �� ������� �� ���� ������� �� ��� ���� �������� �� ������� ���� - �� ������ �� ��� ����

��, �� ������ ���� ��, �� �� ������ �� ������� ���� ���

����� ����� ���� �� ���� ���� ; ���-��� �� ���� ��� �� ���� ���

2. ������� - ������ �� �������

������� ���� ���� �� ������ ��� ���� ��� ����� ��� ���� ����

�� �� ����� �� ������ ��� ��� �� �� - ��� �� ���� ���� ���� ����� �� ����� ���� ���� ���

���� ��� ��� ���� �� � ���� �� ���� ������ ��� ��� �� ��� ��� ����� ���

���� ��, �������� ���� ���� �� ����� ���� ��� �� ���� �� ���� ��� �� ������� ���� ����

�� �� ���� �� �������� �� ������� ������ �� �������� ����� ����

�� ���� ���, "��� �� �� ���� ��� �� ���� ���, �� �� ���� ���� �� ��� �� ���� ����"

3. ������� - ������ �� �� ������� �����

������� �� ��� ������ �� ����� �� �� ����� �� ���� ��� �����

�� ������� ��� �� ���� ���� ����� �� ���� ������ ����� �� ����

���� ���� �� ��������� �� ���� ������ �� ����� ����� �� ������ �� ���� ����� ��� ���� ��� ���

��������� �� ������� ������ ���� ���� �� ����; ��������� �� �� �������� �� ������� �� ���� �� ���

����� ������� ������� �� ���

�� ����� ��� ����� ���, "�� ��� ������� ������� ����� ��� �� ������� ��������� ���� ����"

���� ����� ���� ��� ������� �� �� ������� ��������� �� ���� ����� �������� ���� �� - ����� �� ����� �� ���� ��� ���

4. ������� - ����� �� ���������� ��

������� �� ���� ����� �� ������� �� �� ���� ��� ��� ������� ��� ����

���� �� ����� ���� ���� ��, ��� -��� ����� �� �� ���� ��� ������ �����

�� �� ���� ��� 60 �������� �� ��� �� ���������� ������� ����� ����

��������� ���� �� ����� ������ ���� ���

���� �������� �� ��� ���� ���� ���� ��� - ����� �����, ���� �� ����� �����

�� ���� �� ���� ��, "�� ���� ����� �� ����� ���� ����"

5. ���� - �� ����� ����� ����� ����

�������� �� ���� ���� �� ����� �������� �� �� ���� �� �������� ���� ��� ����� ����� ������� ���� �����

���� ������ ��� ��� ����� �� ���� �������� ���� �������� �� ��� ����

�� ���� ��������� ����� ��������� 200 �������� �� ������� ���� ���

���� �� ��� ���� ��������� ����? ������� �� ��� ���� ���� ��� ����� �������� �� ���� ��� ������

"��� ���� ��������� ��� �� ��� ������ �� ����� ���� ����"

6. ������� �����

���� �� ����� ��� �� ��� ���� �� - ���� �� �� ����� ����������� �� ������ ���� �����

�������� ���� ������ ��, ��� �� ����, ���� �� ���� ��� �� ����-���� �� ���� ���, ������ �� ��� ������

�������� ��� ��� �� �������� ���� ���� � �������� ��� �� ��� ������

7. ���� ��-��� �� ��������� �� ���� �� ���� �������

�� �� ��� ��� - ������ �� ���� ����� ���, ������ �� ������ ������ ���, ����� �� ������ ���� ����� ���

���� ������ ����� ���� ��� ��� ������ ���� ���� ������� �����

�� ������� �� ����� ��� �� ������ �� �� ���� �� �������� ��� ��� ���� ���

��������� ����� ����������� �� ���� ����

�� ������ ��������� �� ��� ��.

8. ���� �����: ����� 12 �� ��������

���������� �� �� ���� �� ����� ��� ���� �������� �� ����� ���������� �� ��� ����, �������� ���� �� ���� ������ �� ��� �� �������� ���� �� ��� �����

��������� ����� �� ��� 12 ����

��, ��������� �� �� �� ���� ���� ����� �� �� ������� ��������� �� ������������ �� ���� ��� ����������� ���� ���

���� ���� ��������� ���� ���, "���� ��������� �� ������ ���� �� � ���� �� ��� �������"

�� ��������� ������� �� ���������� ���� ��� �� ���� �� �� �� ��� �� ������ ���

9. ���������� �� ���

1. ���� ��-��� �������� ������� �������� ��� �������� ���������� �� ������ ������ ���� �������� ������

2. �� ������, �� �������� �� �� ������ ���� ������

3. ���� ����������� ���������� �� ���������� ��� ���� ��� �� ������ �� ��������� ������

4. �� �������� ������ �� �������������� ����-���� �� �� ���� �� ��� �� ����� �� ����� � ��-���� ���� ����� �� �� ��� ����� ����

�� ������� ��� ���

����� ����� �������� �� ���� ���� ����� ���� ������ �� �� �������� �� ���� ���

������ �� �������

���� ��� �� �� ���� ����� �� ������, ���� �� ��������� ����� ����� - �� ��� ����, �� "�����" ���� ���� �� ��� ���

�� ���� ������ �� ����� �� �������� ��� ��� ���� ��� ��� ����

��� �� ���� �� - ���, �����, �����

—-

��� �� ���� �� ���

���� ���� �� �� ���� ���� �� ���� ���� �� �� �� ����� ��� �� �� ���� ���

��, �� �� �� ��� ���� �� ��� �� - ���� ���, ���� ��������, �� ��� ����� �� ���� �����

������� ����� �� ����

�������� �� ������ - �� ���� ���� �� ��� ����� �� ����� �� �� ��� �������

������� ������ �� ����

(�������, ���� ���� �� ������ �� ��� ������)

�� ������ �� ��� ��� ����� ����� ��, �� �������� �� ����� ��� ����� ����� ���

�� �������� �������� ����� �� - ���� ���, ����� �������� �� ���, ��� ���� ������ �� ��� �� ������� ��� ��� ���

�� ������� �������� �� �������� �� ��� ����� ���, ������ �� �� ����� �� ��� ������� ����� ��: �� �� ��� �� ������ �� ��� �� ������ ����� �������

1. ��������� ������ �� ����� ����� ��?

��������� ��������� ���

������ �� ����� �� ������, ��, �����������

��� ������ �� �� ������ �� �������� ����� ��� - �������� �� ������ �� ���� ����� ���, �������� ����� ��� �� ���� ���� ����

�� ��� ���� ��� �� ������� ���

��������� ������ ��� ������� ���� �� � �� �� �������� ��:

�������� �� ������� ��������� ��������� ������ ����� �� - �� ������� �������� �������� ���

2. ������ �� ��� �����

�. ����� - ����, ���������� ��������� �� ������� �� �� �� ��� ���� ���

�. �������-���������� �� ������ �� ������ �� ��-����� �� ������ ���� ���� ������� �� �����

�. ���� - ��� ���������� �� ������� �� ��������� ���� �� ���� ������ �� ���������� ���� ���, ���������� ���� ��� �� ���� ���� ����� ����

����� ������ ��� ������ ����� ���� �� �

���� �������� �� �������� �� ������� ���� ���

3. ������ �� �����������

�� ��������� �� ���� �� �����, ������ ���������, ������� ����� �� ��� ���� ���

������� ����� �� ������ �� , ������ �� ������ ��:

������������� ����� ��������� �� ��� ���������� ���������� ��������� ������ �����

��������-���������� �� ������-����������� �� ���� ����� �����

������� �� ������� ���� �������� �� ��� �-������ ��� �� ������� �����

������� ����������� �� ���� ��� ���� ������ ������ �� ������� ���� ��������� ��������� �� ������� ������� �����

��������� ������ �� ������ ���� ������ �� ������ �������

��������� ������ �������� �� ������� ����������� �� ���������� ��� �� �� ���� ����� ������

4. ���������

�� ��� ��� ���� ����� ��.

���� ���� ������-���� �� ��������� ����� �� - ���� ������������ �� ��������� ���

���� �� ���� �� �������� ����� ��� �� �� ��� ����� ���, �� ���� �� ��� �������� ����

��������� ������ �� ������ ��, ������ �� �� ����� ������ ����� ����� ��, �� ��������� ������ �� ������� ���

�� ����� ��� ���� �� ����� ���� ������, ���� ����, ���� ������� ���� ����

���� �� ������� ��� ���� �����

5. �� ������� �� ��������� ���� ����� �� ������ ���

������� ������ �� ��� ���� �� ��������� ����� ��� �� ������ ������� ����

���� ���� �� �� �� ���������, �� ��������� �� ����������, �� ����

�������� ��� ����� �� ��������� �� ��� ��� ����

������ ���������� ������ �� ���� �� � �� ��������, ����� �� ������ �� ������ ���

�������� ����� ��� ���� �� ������ ���� ��: ������� �������� �� ��������� ���, � �� ���� ���������

�������� ������ �� ���

(�������, ���� �����, �� ��� ���� �����-����� ���� ���� �������)

��� ��� ������� ��� �� ���� ������� ���

��� �������, ������� �� ������ �������

��� ������� �� ����� �� ������ �� ��������

��� ����� ������, ������������ �����

��� ����-���� ��� �������, �� �� ����� �� ��� �� �������

�� ��� ���� ���� ��� �� �� ������ ���

7. �������� �����: �������� ������������

���� �� ����� �� �� ��� ���� �� ��� ��������� ����� ��� ��� ���� ���

��� ��� �������� �� �� ��� ������� �� ������� ���� ���� - �� ��� ���� ������� �� �� ��� ���� �� ��� ���������� �����

���� ��� (���������� ��-��)

1. ��������� �� ���������� �������� �� ��� �������� ����� ������ ���������� (����� �� ��� ���� ��) �� �����

2. ���� ������ ����� ������� ���� ��� ����� ��� �� �� ������

3. �� ��������� "������" �����" ����-�� ���� ��� �� �� ����� ����� ���� ��� �� ��, ��� ��� �����

������� �������� ��� ���� ����� �� ���� ��� ���� ���

—-

����� ���

�� ���� ����� �� ��� ��� ���� ���� ����

�� ���� �� ������ �� ������ ��� ���� ����

�� ���� ����.

��� �� ���� ���� ���, ��� �� ���� ���� ����

�������� ����� ��� ������ ��� ����� �� - �����������, ����������� ��, ������ ��� �� ����

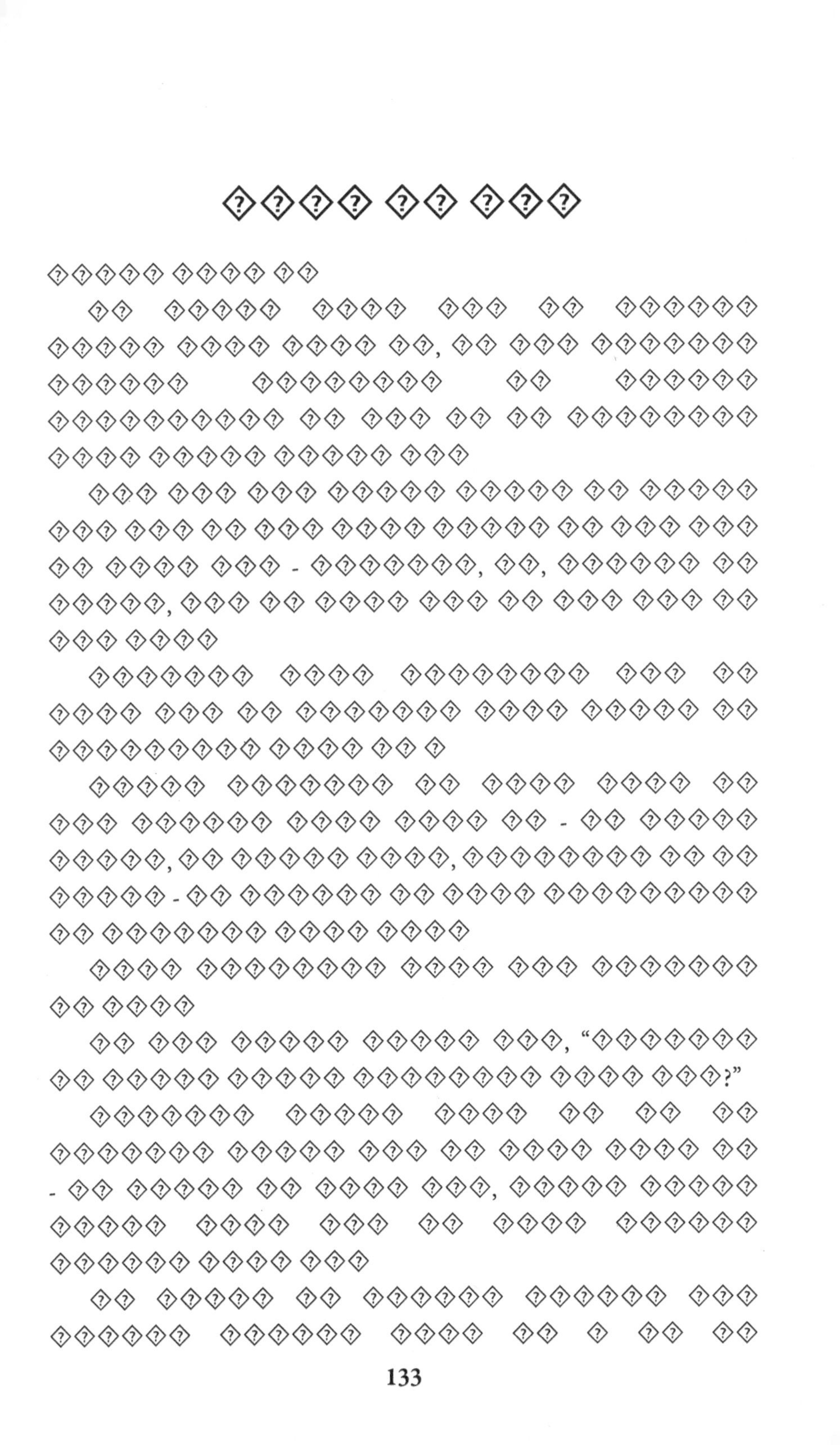

������ ������� �� �� ����� �� ��� ��� ���

�� ������ �� ����� �� ���� ���� ������ �� ������ ����� ���� �� ���� ����-����, �����, �� ��� �� ��� ������ ����� ���� ���

����� ���� ���� �� �� ��� ������ �� ���� �������� ����-���� ����� ��, ���� ��������� ������ ��� ���� ���� ����� ���� ���� �� ����� �� ��� ����� ���� ���� ���

��� ���� ���� �� ���� ��, �� ��� ����� ��� �� �� �� ��� ��� ���� - ������ ���� �� ��� ���� ���� ���� �� ����� ���� ��� �

���� �� ������ ���� �� .

�� ���� ���� ���� ��� ������

�� ������ �� �� ����� ���� ����� - �� ���� �� ���� ��� ���� ��� ��, ����� �� �� ���� ��� ���� �� ���� ���

������� �������� ����� ���� ���� ���� �� � �� ���� ���� ����� ��� �� - ���� ������ ��� �� ��� ���, ���� ������ ���� �� �������� ���, �� ��� ������� �� �� ������ ���� ����

�� ���� ������ ����� ����� ����� �� �� ���� ���� �� ��� ���, �� ���� ���� �� �� �� ����� �� ��� �������

��� ��� �� ��� ����� ��� - ���-��� ���� ����, ����� ��������� �� ����

���� ��� �� ������� �� ���� �� ��� ���������

������� ����� �� - �� ��� ������ ���� ������������ ���� ��������

– ������ ����

��������� ��� ����, ������� �������� ��������� ��������

����, �����������, ���������� ������������

����� �� ����� ��, �� ���� ������� �� ��� ������� ���� ���� �� �����

�� ��� ���, �� �� ����� �� ��� �� ��� �� �� �� �� ��� �� �� ��� ������ ���� ����� �� ���� -

���� ������ �� �� �� ����� �� �� ��� ��� �� �������� �� ���� ��� ������� �� ���� ����� ������� ���� � ���-���, �� �� ��������� �� ���� ���� �� �� ���� ��, "���� ��� �� ���� ����"

�������� �� ������� �� ���,

����� ����

��������: ����� ���������� �� ��� ������ �� ������

�������� ���� �� �������� ��
���� ������ �� ������ ���� ���

1. ������� �������� �� �������� �������

�. �������-�� ������� ������

�� ������ ��� ��: �� ������ ���� ���� ���� ������ ���������� �� ����

�� ���� ������� ����� ��: ₹10 ��� �� ₹1 ������ �� ��� ���� ���

������ ���� ����: www.standupmitra.in

��� ������� ������ (���� /������/���� ��)

�� ������ ��� ��: ���� �� �������� ��������, ������� ��-������� ������ �� ������ ����

�� ����: ₹50,000 �� ₹10 ��� ���

������ ���� ����: ���� �� ����������/���� ���� �� www.udyamimitra.in �� ������� ��

�. ������ ���� ������

�� ������ ��� ��: ���� �������� �� �������� ������ ��� ������ ���������

���: 75% ������� �������� �� ���� �����������

��������: www.coirboard.gov.in

�. ����������� ������

�� ������ ��� ��: ���� ����� �������
������� ���� ���� ������� -
������, �������, ������
�� ����: ₹50,000 ��, �� ���� �� �����
���� �� ����
����� ����: ����� ���� �� ����� ���
���� ������������� ������� ����
�. ����� �������
����� ���������� ��: ��������
������� ������� �������, ������
�������� �� �� ����� ���� �� ��
����� ������ ���� ���
��������� �������: www.udyamregistration.gov.in
2. ��������� �� ��������
���������
�. ��������� ��� ������ ����
(��������)
������� �� ��� �������� ����
����� ��������� (��������) �����
���
�������: www.nsic.co.in
�. �������-���� ��������� ������
������� �������, ������
���������� �� ������ ������ ���
������ ��������� ���������
������ �����
������� ���� �����: ���� ����� ���
������� ������ ��������
�. �������� (������ ����� ���������
�� ���)
�������� ����� ������� ������
�� ������� ���� ��������� �� ���

�����������, ������ �� ���������
������ ���� ���
��������: www.aleap.org
�. ���� ���� - ����� ��������� ���
(WEP)
�����������, ���������� ����� ��
����� �� ��������� �� ���
���������� ������� �������
��������: www.wep.gov.in
�. ����� �� ������ ��������� ������
������� ������� ������� �������
�� ��� ������ ��������� �� ��
�������
��������: www.sidbi.in
3. ����������� �� ������� ������
������ ������ - ������ �� �����
���� �� ������� ����������� ��
������� ���� ���
������� ����������� (������ �����
�������) - ���������, �������
���������� �� �������
������� - ����� ��������� ��
���������� �� ��� �������
���������� ����
������: ����� ������� ���� (WEI) -
������� �� �������� �����, ������
������� �� ������
���������� �� ��������� - ���� ���
����� ����������� �� ���� �����
���� ������� ������� ������
4. ��������� ��������

1. ��� �� - ����� ��������� - ������� �� ������� ���

2. ���� ���, ����� ��� - ����� ���� - ������� ���������� �� ���������

3. �� ��� - ��� ���� - ����� �� ���� �� ����� �� �� ����� ������

4. ���� �� �� - ����� ��� �� ���� ����� - ������� ����� ��������� �� ������������ ���������

5. � ��� ��������� - ���� ��� - �������, �������� �� �������� �� ��� ����������� ������

5. ������� ����� �� �������� �� ��� ����� ���

���������/���� ������� �� ��������� ��

������� �����, ��������

��������� �� ������� ��������,

����� �����, �������

�������/������ ����� �������,

�����, ����������

���� ������ ���������� ���, ����,

��������

��� ����� WhatsApp Business, Google Workspace

��������� �� ������ ��������

���� ������, ���� �����

6. ������ �� �� ���

��� �� �� ��� ��� ���, �� �� ���� �� �� �������� ����� �� ������ ���� ���� ���� ���� �� ��� ������ �� �������� ���� �� .

���� �����, �������� �� ������ ��
�������� �� - �� �������� ���� ��
�� ������ ��� ��� ���� �� ������
���� ���
����� �� ���� �� ���� �� ������ ��
�� ��� ���� ����� �� ����������
������, �� ���� ��� ��� ������ ��
���� ��� �� ��� �����
�� ��� �� �������� ����� ����� �� -
�� ��� ��� �� ������� ���

������� �������������� �� ��� ���� �� ��� ����

������� �������� �� ����� ������ �� ���� �� �

�� ���� �� ���� ��� ��.

�� �� ������� ������� ���� ���, �� ������� �� ���� ��� ��� ����� ���

����� ����

�������� ��� ����, ������ ������� �������� �������

�������, �����, �������

���� �� ���� ���

����� ����, ������ �������� ��������� �������� �� ��������� �� ����� ���,�� �� ����� �� ������ ������ ���������� �� �� ��������� �� ������� �� ��� ����� �� ���� �������� �� ��������������� �� ��� ���

������� �������� ��� ����������� �� ������� ����, ����� ����� ���������� ��� �� ���-��� ������� �� ������ ���� ���������� ��, �� ��������������� �� ����������� �� ��� ������� �������� ���� ���

��������� ������ �� ������� �� , ����� �������� �� �������� ���� ��������� �� ������� ���� ��� - �������� �������� �� ���� ������� �� ������� �������� ��� ����� ��� ��� ���� ����

�� �� �����������, ������ ����� �� ��� �� ���� ���� ������� �� �� ������� �� ���� ���� �� �� ������� ������� �� ������� ���� ��� �� ���� ����.

www.ingramcontent.com/pod-product-compliance
Lightning Source LLC
LaVergne TN
LVHW040440051026
849517LV00002B/697
* 9 7 9 8 2 3 2 8 4 4 3 4 9 *